改運之書
風水篇

大耕老師——著

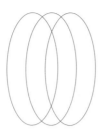

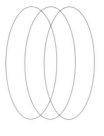

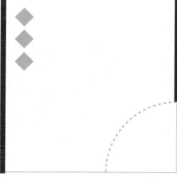

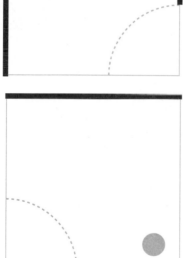

擇善而居，安身立命，
提升命盤田宅宮的星曜效力，人生越來越好

目錄

第二章

自己與環境的關係

第三章

變動的風水與變動的命運

第四章

不用羅盤快速學風水

目錄

第五章

各類風水煞忌

第六章

不好的擋起來，擋不住就改道

目錄

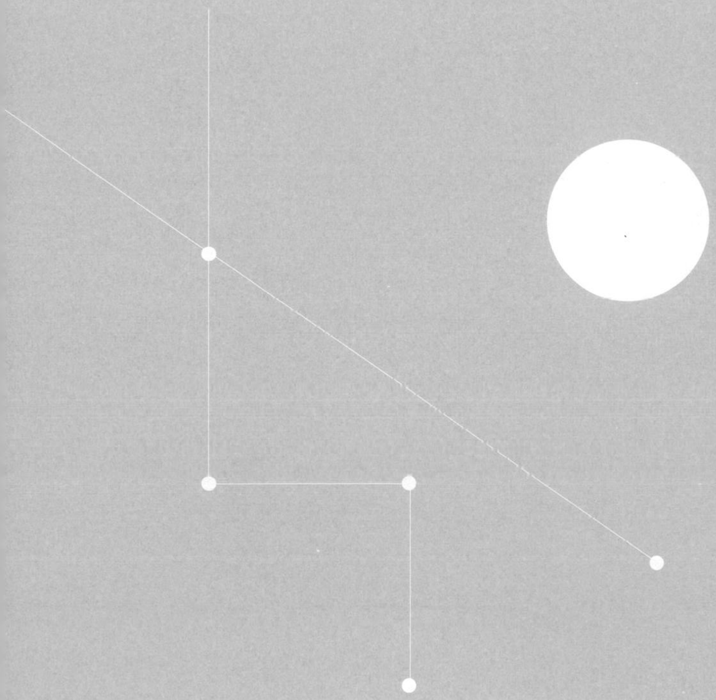

前言

何謂風水？風水與紫微斗數的關係

「風水」兩個字起源於「藏風聚氣，界水而止」，這句話最早其實是用來形容兵法家行軍布陣的概念。在冷兵器作戰還在平面戰場的時代，兩軍對戰通常只要把對方主帥殺了，戰爭也就宣告結束。因此，將主帥藏起來，讓他可以得到各方面消息，並且方便將主帥的命令傳遞出去，不但能讓訊息流通，還可以凝聚向心力。再加上有很好的天然防護屏障，讓敵人不易進攻，這樣的行軍布陣觀念，讓自己在戰場上處於優勢，易守難攻，當然勝利的機會就大大增加。

所有文明的產生都是建構在人類的需要之上，而戰爭這類生死攸關的事，往往為人類帶來許多文明發展，如同我們常提到的紫微斗數中「破軍星」這顆星，其實背後真實的含意是文明的起源、人類的進步，但往往我們會誤以為他只是破壞。風水的起源，深究原因也是如此，當戰爭結束，進入和平時代，人類一樣需要防備別人的進攻或是野獸的侵害，因此兵法家將原本用在野外戰場上的兵法布陣概念，逐漸放入建築防禦工事，甚至是宮殿堡壘，之後慢慢移轉至富豪家族的房舍，以致於最後將技術轉移到一般民間居家之內（不打仗了，這些兵法家總是要混口飯吃，只好把技術轉移到建築工程，但也不是每個人都能標到皇家的案子，只好有些人跑去承包貴族的案子，當貴族也被搶光了，就只好往商人的豪宅找生意做，最後做不到王公富豪生意的，當然就是找平民百姓了）。因此，華人文化圈中真正有風水這個概念的形成並且流行，起源於戰國時代，興盛在漢朝，並且是先有活人的居家環境——陽宅風水學，後面才有死人的長眠環境——陰宅風水學。一開始先照顧自己，之後覺得自己不夠好，才把腦筋動到祖先身上。

而兵法家轉型當風水師，也是要各憑本事討生活的，要多方面開拓市場，所以我們往往可以從經濟學跟歷史的角度找到許多文化起源的原因，進一步解析出這些文化跟技術的深層成因，進而了解背後原理。由此可知，其實最早的風水起源是為了讓主帥在戰場上可以住得安心，安心後才可以安身，不但要活下去，還要活得健康。有了強健體魄、身心靈得到滿足，才能好好打仗，讓自己足以存活，撐到戰爭結束，才能有立命、成就豐功偉業的機會。但是在戰場上，人可能無法有許多的建築時間跟機會，因此會大量利用地形跟地勢，選擇好的地理位置跟適合的天然環境，作為自己的天然防備，或者方便進攻的地點方位。

例如打仗的時候，進攻方如果背向太陽，就會因為陽光照射在敵軍的陣地，而清晰地看到對方的形式布局。但是防守方卻需要面對太陽直射自己，造成視力受到陽光照射而不清楚的問題，一來一往之間就因為環境問題的限制，造成兩軍對陣的失與利。這個觀念後來逐步轉化成，開店做生意的店面不要坐東向西，會有太陽西曬的問題。所以風水的最原始理論是重視對於地形地物的了解跟應用，並且需要多方面勘查與推敲，這也是風水學被稱為勘輿學的原因。這樣的技術從原始人時代一直到人類有了文字、文明之後，逐漸被記錄整理出來，在春秋戰國那個不斷戰爭的數百年間發展到最高峰，結合對於天象的預測、人的預測、事件與運勢變化的預測，發展成一套專門的學術，稱為「奇門遁甲」。其中「奇門」兩個字說的是方位，「遁甲」說的就是把主帥藏起來的兵法概念，因為甲是十天干的第一個。隨後這套學說慢慢地因為戰爭減少而如前面所說，兵法家轉行到其他市場，也將原本用於戰場的技術做了轉移，將一部分的技術抽離出來，形成我們現在知道的風水學。

由此可知，所謂風水學，其實真正重視的是挑選好的環境，並創造讓自己可以活得自在、住得快樂的處所。我越來越快樂，你總是睡不好，一來一往當然你的人生就會倒楣一點，我的運氣就會比較好，這就是風水對人生的重要性，以及風水對我們可以產生影響的基本原理。想想看有人總是睡不好、有黑眼圈、精神不濟，而且脾氣不小、火氣很大，這個人會有好人緣、好桃花嗎？連安穩放好自己的身體、好好睡覺都做不到，如何成大功立大業，創造有價值的生命，無法安身該如何立命呢？所以，挑選環境是風水最重要的基本原則。若無法選擇好的環境，則退一步創造適合自己的環境。如果還有不足的地方，可以利用各種方式，將環境對我們的災害阻擋起來，或者說將我們自己藏好，不要受到外面環境的影響，就可以逐步改善自己的狀況。

紫微斗數十二宮中的田宅宮，說的就是自己與「家」的關係，包含了家世背景與家人關係，以及居家環境對我們的影響。而且紫微斗數中有個很重要的觀念——十二宮是連動的。例如巨門在命宮的人，他的田宅宮一定有七殺（如圖一），所以巨門的人雖然心地善良個性敦厚，跟家人的關係卻往往是緊張的。因為七殺的對面一定是天府，所以巨門的人會希望在家中受到重視，而這個需要得到重視的堅持態度，往往會造成與家人的關係容易出問題，這就是為何許多書籍形容巨門星在命宮的人時，會說他內心總是有著一層不安全感。這就是因為在紫微斗數中，十二宮是彼此連動的關係，宮位不會單獨存在，你的個性不只是因為命宮是什麼星曜，而是十二宮內的星曜一起來影響你，所以巨門星的不安其實有一部分來自於對家的態度。但是換個角度，如果今天他選擇了一個好的居住環境，讓他感覺自在而溫暖，轉換了田宅宮裡面原本的七殺，例如把家布置得很溫馨舒適，像太陰一樣，當太陰在田宅宮的時候，破軍可能會是命宮（如圖二），對宮會是天相，這個人因為家的溫暖與安全，讓自己更敢作夢，並且更重視人際關係，是不是跟著命宮的星曜就因此轉換了呢？這正是紫微斗數中對於田宅宮在風水上的應用方法。

圖一／ 命宮坐巨門，田宅宮一定有七殺

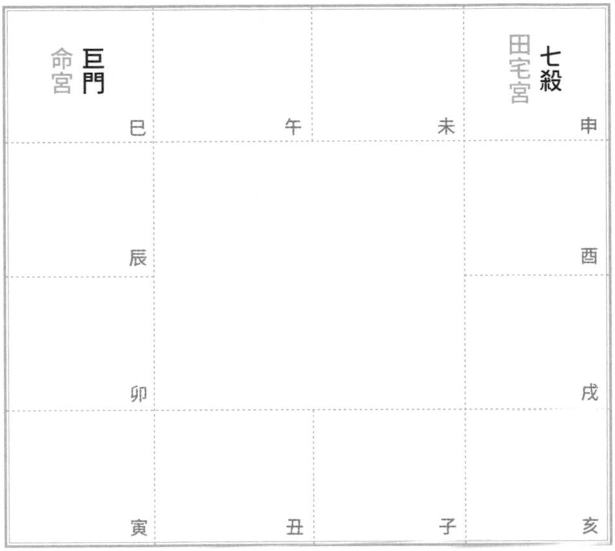

圖二／ 命宮坐破軍，田宅宮太陰

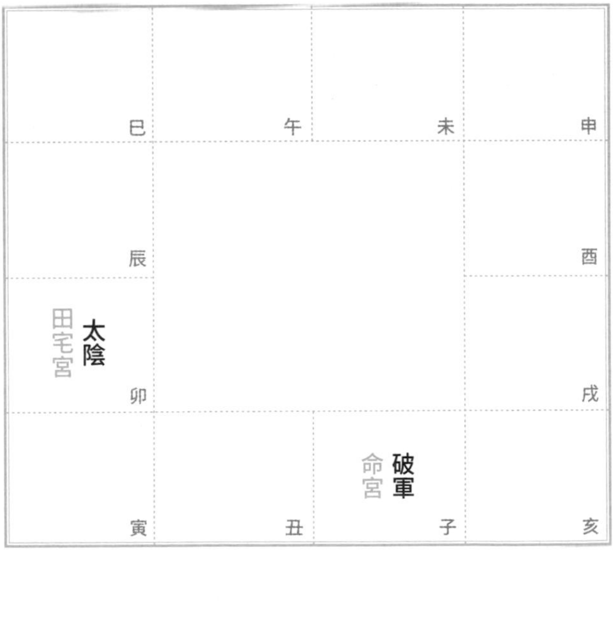

我們可以從紫微斗數命盤知道，我會喜歡怎樣的居住環境，會挑選到怎樣的房子，這樣的居住環境為我們自己帶來什麼影響，當然我也就可以反過來，利用改變居住環境來影響命宮。畢竟個性決定命運，直接改變個性往往困難，但是改變居住環境卻只要懂得挑選。如同我們小時候聽過的故事，一個人因為朋友送來一束花，為了擺上好看的花，他清理桌子；為了讓桌子不會看起來是放在髒亂的家裡，所以他整理了家；既然整理了家，他乾脆也把自己洗乾淨、打理好，讓自己容光煥發、朝氣蓬勃，相對地也為自己帶來好人緣，接著就是好的工作與人生。一束花將這個人帶離原本的自怨自艾，讓自己不再生活於髒亂環境，以及因為環境造成陰暗的個性，連帶著一事無成、沒有希望的人生，也都因為這一束花而改變。這個故事其實就是最基本的風水改運原理，而對應在紫微斗數上，一樣可以這樣應用。我們可以利用紫微斗數命盤上的資訊，了解我們對居家的需求，以及目前的居家環境狀況，進一步利用風水原理調整居住環境，最後讓自己可以安身立命，當然就能夠讓自己的生命藏風聚氣，風生水起。

為何紫微斗數可以如此結合風水學呢？既然風水學的核心價值，是適合自己的居住環境，當然就需要量身打造，畢竟適合每個人的情況不同，如同每個人適合的穿著也不一樣。好的風水老師必然要懂得一門命理學，若不懂人，要如何為人們挑選好的居住環境呢？而紫微斗數恰好是一門全方面的命理學，更剛好的是，紫微斗數從古代占星術十二宮與易經結合的過程中，承襲了風水學的起源「奇門遁甲」，將之融入其中，所以可以利用紫微斗數，了解並知道某人目前的居住環境跟風水對他的影響。本書前半段介紹紫微斗數中田宅宮在風水上對我們的影響，後半段介紹風水的基本概念應用，並且分析如何簡單地運用紫微斗數的田宅宮與風水學原理，幫助我們改變自己，改變命運，這是第一本結合紫微斗數跟風水學應用的書籍，讓紫微斗數的應用不會侷限在算命，而是真正能夠幫助自己，改變人生。

對於初學者或者第一次購買我的書的人，也不用擔心，現在有很多免費的排盤app可以下載使用，輸入生辰之後，就能有自己的命盤，可以依照命盤對應書上所說的內容，為自己做風水上的調整。

第一章

田宅宮是安身之所在

1.

睡得好，人生才會沒煩惱

任何學問最早一定是出自於生存的需要，農業、工業、文字、音樂等，無論是哪一種技術的學問，都是如此。甚至可以說是出自戰爭的需求，所以才會有突破性的發展。這裡要特別講到紫微斗數中的「破軍星」，這顆星通常被人說得很糟，卻是命盤上很重要的一顆星。因為沒有破壞就不會有進步跟創造，重點在於破壞不能只是破壞，破壞之後若能有更好的發展，那是因為自己有足夠的本錢。就像筆者正在減肥，高達一百二十公斤的體重不能先靠運動瘦身，而是需要先有健康的身體，稍微減輕一點體重後，才能透過激烈的運動建立足夠的核心肌肉，讓身體產生更好的基礎代謝率，最後靠自身新陳代謝改善了，健康地把體重慢慢降下來，甚至練出好身材。

如同中醫說的「虛不受補」，虛弱的身體用強效的補藥反而有害。所以，要有遠大的夢想、要希望可以成人功立大業，其實在夢想跟實踐之間、理想到完成的過程中，我們需要一個很好的靠山跟平台，少了這個足夠的靠山跟平台，再多的夢想都是空談，理想永遠只能想想，是無法實現的空中樓閣。這就是為何我們常提到所謂命理學，其實是人與環境的彼此交錯，再努力的人如果沒有足夠的環境支撐，一樣無法展現能力。因此，在紫微斗數中，那個會產生破壞力的破軍星，如果有強旺的田宅宮支持，有足夠的祖產、家世背景、風水運勢支持破軍的夢想爆發，其實破軍就不會變成只是破耗，反而會有很好的成就。

由此可知，田宅宮對我們的重要性。因為在人生的路途上，自身的努力跟能力還要搭配上外界環境的變化，這個變化來自於紫微斗數中的運限盤，以及命盤上一個重要的宮位「田宅宮」（本命盤上代表家世背景以及對於環境選擇能力）。在《改運之書．格局篇》裡，我們介紹了可以透過努力，依照命盤上解讀出我們在人生旅途上擁有什麼能力、缺乏什麼，以此盤點出自己的優缺點，並且透過對自身的了解，為自己找到優勢，並且彌補弱項。但是往往無論我們如何努力，改變個性跟彌補能力上的不足，環境就是不如人意，這時候改變風水就是一個簡單又有效的方法，畢竟換個房子、搬動一下家具，透過外界環境的力量直接改變個性，透過挑選環境的能力，讓自己在一個相對比較好的世界生存，絕對會讓人生得到直接的改善。想想看登山者們，一個人知道在哪裡找到好地方休息搭帳棚，讓自己吃得好、睡得好；另外一個人找不到好的地方，無法讓自己好好休息。如此一來一往之間，懂得挑地方選環境的那一位，一定會走得比較順利，這就是風水的重要性。

紫微斗數是一門在近代才完成的綜合學術，當然會把這樣重要的觀念放入其中，田宅宮就是這樣的一個宮位。田宅宮讓我們知道自己是否有挑選好環境的能力，以及是否可以為自己找到好的安身之所。因為在紫微斗數的觀念中，整張命盤的十二宮是連動的，各自代表十二種我們在一生中會遇到的各類型影響我們的因素，包含時間、空間、人、事等等，可以說是因為我們自身的能力、態度，對環境做出的選擇，也可以說是我們自身磁場的延伸，當然也可以是上天給我們天生的選擇。而田宅宮就代表了我們對現實生活環境的選擇能力，以及老天會給我們在現實生活環境上所遇到的問題。雖然這是一個彼此影響的過程，運氣好的人隨便挑都會有好風水，會挑選的人不會讓自己落在不好的環境中，當然運勢也不會太差。不過，我們懂得挑選讓自己好的環境，老天給的選擇卻往往總是不夠多，東挑西選也選不到什麼好環境，這通常會出現在某些剛好運勢不佳的命盤上，不論如何就是選到風水不好的居家環境，在室內擺好風水，室外就開始蓋房子，建築工地產生沖煞，讓自己住得不安穩。但是，只要我們懂得挑選，就如同漁夫在暴風雨中，雖然風浪很大，驚險萬分，卻反而可以為自己找到巨浪中的豐厚漁獲。

在近代最貼近人生的命理學紫微斗數中也是如此，田宅宮是在紫微斗數命盤上很容易被忽略的宮位，卻是在改運過程中很重要的宮位，因為我們最容易透過現實生活中的改變去更動它。依照紫微斗數十二宮連動的概念，牽一髮動全身，改變一個宮位，十二宮連動，當然就跟著改變人生。但是，過往很少有人會談及田宅宮在改運上的實際利用方法，因為大多數的人討論風水時，是將風水跟命理分開來說，這是完全不正確的，就像我們看命理學，無論是哪一種命理學，都不能很扁平、單純地只看一個條件，需要整體評估。就如同一個很會做菜的廚師，也需要搭配好的用餐環境，才能夠呈現出好的廚藝。只是因為傳統各式各樣的命理學問很容易因為市場需求，所以壁壘分明，讓一般人在心態上誤以為風水與命理是分開的兩種學問，忽略了彼此其實是緊密相關的。

然而，在風水學上有個著名的故事，隋文帝曾說，如果風水有用，為何我哥哥會戰死？如果風水無用，為何我能夠當皇帝？我們也會看到許多案例，某戶人家住進一間凶宅後受到影響發瘋，但是另一戶人家住進去卻沒事；又或者某間據說是大企業的起家厝（住在那裡因此白手起家），但是之後住進去的人卻生意失敗。其實這些道理很簡單，就像某個人喜歡山，因為山的環境讓他開心；某個人喜歡海，甚至有人喜歡趁暴風雨的天氣去看海，會讓他心情好。又或者像有些人進到某個環境後，會改變那個環境的磁場。我們身邊一定都有這樣的朋友，甚至自己就是這樣的人，進到某間餐廳後，忽然間餐廳裡面從本來沒客人變成客滿，這就是自身磁場跟那個環境有所呼應所造成的影響。這樣的事情說起來很奇妙，不過我們可以從身邊很多事情發現，就像同樣一片沙灘，放上獨木舟、腳踏車、超跑，給人的感受都會不同。這一點對很多學習風水跟命理的人來說，是很容易忽略的，既然所謂命理學與風水學都是人與環境的關係，自然不能只看人或環境。因此，我們可以利用紫微斗數命盤上的田宅宮，知道自己在風水改運上的需求，也可以利用風水學的原理和觀念，為自己補足天生紫微斗數命盤上面不足之處。

首先，我們將介紹紫微斗數中田宅宮的真正含意，即便您剛接觸紫微斗數，或是完全的初學者，都可以利用這本書逐步了解自己的命盤與田宅宮的關係，並且了解需要怎樣改善自己的命盤。

2.

紫微斗數中你所不知道的田宅宮所代表的含意

紫微斗數是一套整體性的綜合預測系統，所以命盤上包含了個人的特質，以及時間、空間的變化條件，其中就包含前面所說的，因為不同人對不同空間的變化，如同一個空間對不同的人來說，都會產生不同的含意，又或者同一個人會因為所在空間不同而有不同的結果。這其中最具代表性的有兩個宮位，分別是遷移宮跟田宅宮。每個宮位在紫微斗數命盤上至少會有基本的六種含意，再搭配上因為時間與相對位置不同產生的變化，遷移宮有個含意代表的是我們外出的情況，以及我們在外的展現層面；田宅宮則代表了與家人的關係、對家的看法。家對於一個人來說，代表安全感與歸屬感，因此也有著保護自己與穩定保守的心理層面意義。怎樣才能給自己安全感呢？因為我們生活在資本主義社會，金錢是建構生活的主要支柱，而安全感通常就來自於財務狀況，這也是田宅宮被當成財庫看待的原因。

當然我們會因為各種命盤所代表的含意，給予田宅宮不同的定義，同樣對於家，以及家給予的安全感，在本命盤是直接代表自己天生在這方面的想法，還有因為一出生就確定了居住環境，也就是會出生在什麼樣的家庭，所以田宅宮在本命盤（依照出生年月日時排出來的命盤）也代表家世背景。在運限盤上（依照命盤上面的數字，變化出來的大限盤與小限盤，或者依照每年生肖對應出流年命盤）則會表示田宅宮展現出來與家人的關係變化，以及自己的財庫變化。簡單來說，本命盤的田宅宮，可以說是我們自身所帶來一輩子對於家或居住環境的選擇，是老天幫你選擇的環境，以及自己對環境的天生影響能力。而運限盤中，大限命盤上的田宅宮可以說是因為年歲變化，產生出對環境的看法，因而造成環境對我們的影響變化，這一點是很有趣的。

上課的時候，我們常建議學生不要去住專為出租用的個人套房，因為那種套房的隔間幾乎無風水可言，但每次提到這個話題，學生總會說筆者不懂人間疾苦，因為台北市很多上班族迫於無奈，都只能租住在很擁擠的套房。不過，這就是一種選擇。事實上，筆者即使在最貧困的時候，也不考慮套房，更別說台北市的套房價格其實不菲，稍稍離開市中心一點，就可以用同樣的租金，租到不錯的居家房子，因此所謂不得已其實是自己個性造成的。因為不想離開市中心太遠，所以選擇住在風水不佳的擁擠市區，是性格決定了命運。這時候，像是新加坡或香港的學生就會反駁，他們說大多數的香港人都住得很擁擠啊！甚至是一個房間住上四、五個人，這時候又該怎麼說呢？這就必須回到所謂命理學是相對的比較，以及個人在環境中的變化來看待，就好比台灣的知名歌手伍佰，在美國可能就會是國際巨星邦喬飛，又好比在東非中落後國家也有數千萬人，難道不會出現所謂帝王格局嗎？當然他可能在當地擁有一千頭牛，但是跟同樣命格在北歐這種高度開發國家的人相比，財富還是不同。所以如果說香港人都住得很擁擠，風水都很差，那就是相對的比較。如同前面所說，所謂風水，基本條件就是要睡得好，你睡得好而他睡不好，長久之後，你的運氣就會比較好一點，他因為精神不濟，可能連寄信這般平常的事都不會了。

通常，環境的選擇是受限於自己的態度，所以大限命盤上的田宅宮，會展現出我們對環境的選擇以及因此出現的影響。而小限命盤與流年命盤，則各自代表那個年歲中，因為個性產生了關於財庫的變化與家人情感問題，還有自家的居住環境狀況，以及外界環境對我們產生的變化影響。例如流年的田宅宮出現天機星化忌，同時對宮或者同宮是太陰或巨門，可能是水管管路有問題（如圖三之一、二）；或者廉貞星化忌，除了廉貞天府組合或者廉貞化祿之外，家中電器容易壞掉。由此可知，運限盤上的田宅宮可以說是自己個性轉變以及後天環境，所以影響我們對於環境的態度轉換與選擇，以及時空給予的環境變動，就像旅行中我們選擇不同的路線，加上天氣轉換造成景色的變化，成就一趟專屬旅程。

因此我們可以知道，光是田宅宮對於「家」所引申出來的，就可以包含財庫、家人、安全感以及居住環境等幾個概念，而紫微斗數中最有趣的是這些相關聯的宮位含意可以彼此連動，所以一個人若是對家沒有安全感，通常就會影響他跟家人的關係，或者說因為和家人關係不好，因而對家沒有安全感，當然也就不喜歡待在家裡。這類的人連帶著也容易挑到風水不佳的房子，進一步影響財庫。換個角度說，我們可以試著改善跟家人的關係，從而連動改善，讓自己不要破財，或者若是無法改善家人關係，可以從改善風水做起。所以我們可以看到，田宅宮的三方四正（紫微斗數中的每個宮位都是由四個宮位組建起來，並非單獨存在，如圖四）剛好是代表身體狀況的疾厄宮，與代表自己子孫的子女宮，以及代表媽媽與兄弟姊妹的兄弟宮所組成。沒有好的居住環境與家庭溫暖，身體怎麼會健康、心情又如何會好，怎麼敢生小孩或者有良好的親子關係。傳統上，家是由母親掌管照顧，家庭絕大多數都跟兄弟姊妹有關係，所以也包含了兄弟宮。只是改變這些連動的宮位，都有相當的難度，但是改變風水相對簡單，這正是風水學興盛的原因。由此可以知道，風水跟命理學有著深不可分的關係，而紫微斗數中的田宅宮，更是有著許多令人意想不到的對生命的影響。我們不但可以透過環境的改變來反向影響自己的命盤，甚至可以透過命盤上面的特質，去影響現實情況。

圖三之一／ 流年田宅宮天機化忌，與巨門同宮或對拱

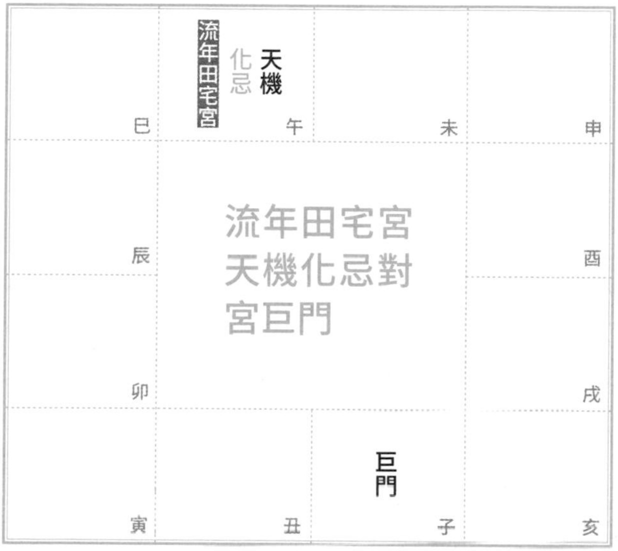

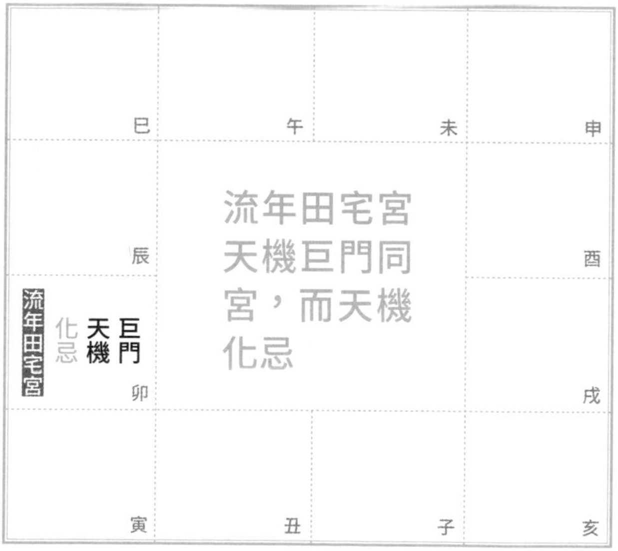

圖三之二／ 流年田宅宮天機化忌，與太陰同宮或對拱

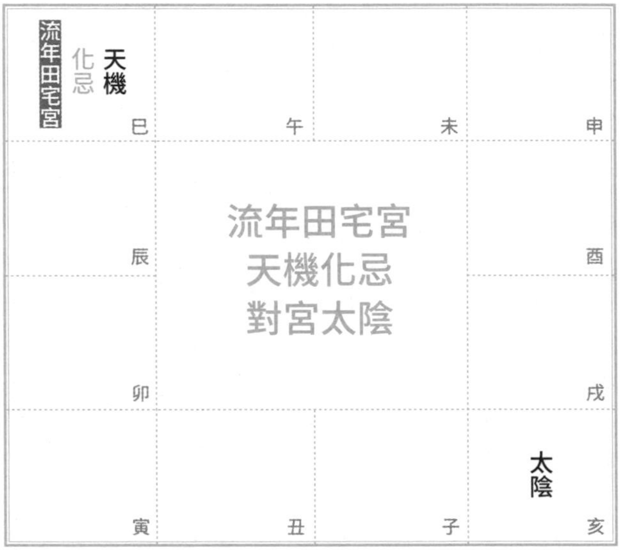

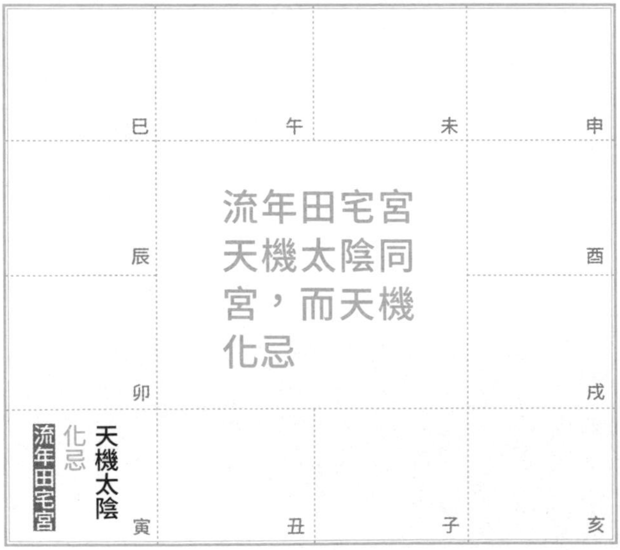

圖四／ 田宅宮的三方四正

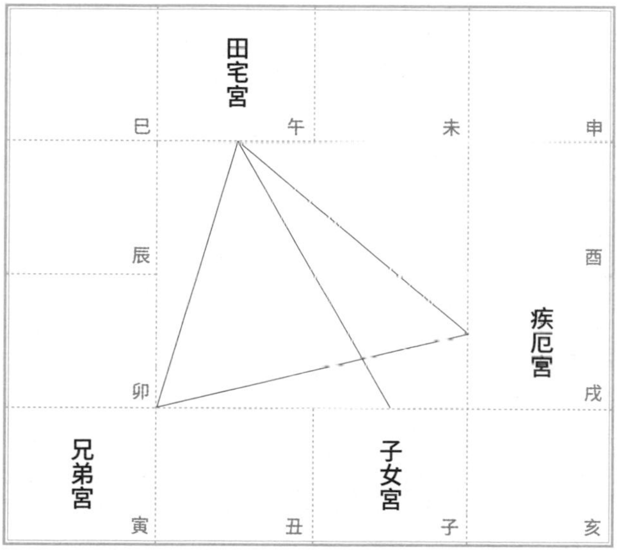

3.

住到倒楣都是自己選的，從田宅宮看出生活環境

既然我們會住什麼樣的地方，除了是上天給予我們的天生功課以外，還有一大部分原因是自己的個性所造成，就像穿衣服（其實居住環境從某個角度來說，也像是我們的另外一件衣服），有些人就是只想穿黑色衣服，有些人就是敢穿別人不敢穿的衣服。同樣地，我們對於居住環境、對於家的看法，也會讓我們做出不同的選擇，即使那個地方可能對別人而言是不好的，我們還是會選，也因此可以利用紫微斗數命盤上的田宅宮，看出我們的居住環境狀況。

簡單來說，利用田宅宮三方四正的宮位，和宮位中星曜所代表的意思，可以推算出住家跟居住環境周圍的情況。這個方法僅在古書中做了些微記載，畢竟古代跟現代的居住環境差很多，目前絕大多數的資料來自清末民初一位紫微斗數大師「觀雲主人」王栽珊的書籍《斗數宣微》，近代幾乎所有紫微斗數流派對於古書上的解釋用法，古論轉換成今說的用法，都來自於這本書。以目前的年代來說，這本書其實距今已很久遠，有些觀念可能也不太適用，不過對於田宅宮，可以看出我們的居住生活環境絕大多數來自於這本書上所記錄，我們在此做些調整，並且將其不足的部分加以補充。

首先，要利用紫微斗數命盤來看居住跟生活環境，一樣要先釐清紫微斗數命盤上面其實不只有一個本命盤，還有運限盤，需要注意到這些盤各自所代表的含意。

本命盤

先天給予的價值跟能力，以及出生就擁有的，例如父母、家世背景等。

運限盤

包含十年的大限，或年年不同的小限、流年命盤等（初學者可以上網搜尋大耕老師部落格，或者是youtube免費教學頻道，有介紹運限盤的詳細推算方法）。大限十年代表自己個性價值觀做出的決定因而產生出來的現象，小限則是這個年歲自己做的選擇因此產生的現象，流年是外在環境給予自己的影響。

就像一個人年輕的時候喜歡溫柔的女生，長大後覺得女人要有個性且獨立，所以他開始尋找這類型的女生，也因此容易找到這類對象。但是可能也因為獨立的女性比較不那麼順從，不好掌握，因此感情出問題，這就是大限。而今年自己因為希望工作有發展，都不關心女友，跟女友不常聚首，女友因而對自己諸多抱怨，這是小限的影響。女友公司新進一位浪漫多金的貴公子，對女友大獻殷勤，因此女友劈腿，琵琶別抱，這就是流年的影響，因為外在環境造成的。所以可見女友的外遇可能會因為自己受到大限、小限做出決定，最後流年再補上一刀，完成讓命主悲憤向朋友訴苦女友劈腿的劇情，其實絕大多數原因是自己對女友的態度所造成，這也就是我們很重視運限盤的原因，因為只有這樣才能做好全面性分析。在田宅宮也是如此，我們先天就有對自己居住環境的看法，但是實際的居住情況要比對大限命盤的田宅宮三方四正，因為大限才是我們正在發生的狀況，最後再比對小限跟流年的命盤田宅宮三方四正，就可以判斷出居家附近的情況。

舉例來說，本命田宅宮有太陰星的人，喜歡居家放鬆自在，有溫馨的感覺，希望附近有餐廳、有水池，讓自己覺得舒適方便。甚至會選擇比較低窪的地方，心理上感覺被母親包覆呵護，所以不會希望房間太透光明亮，一點點的陰暗會給予自己如月亮躲在雲間的神祕安全感。但是當這個人的大限遇到田宅宮是太陽，而且太陽在旺位（圖五、圖六），這時候他會希望自己住的地方採光好，可以在高地上，讓自己感到有地位，這樣的房子住起來、買起來，都讓他感覺自己的人生得到回報，對家人親友可以展現能力。這時候，只要他真的有能力，他會選擇田宅宮有太陽的情況，因為大限是我們當下十年內的價值選擇，以及老天給我們選擇的機會，所以現實的情況會比較貼近大限。至於本命盤中自己原本天生的價值，通常是藏在這裡面，所以他可以在房間的布置上，展現一些太陰星的樣子，例如自己的房間位置在房子最裡面那一間，或者房間布置得比較陰暗溫暖。至於小限的田宅宮有個天機，天機代表變動，所以那一年總是喜歡把家具搬來搬去，或者常常不在家，出外旅行。而流年田宅宮有個空宮獨坐的擎羊星，代表今年剛好屋外有人在蓋大樓，許多鋼筋外露對著自己。這是對於田宅宮推算評估環境的基本用法以及邏輯概念。有了這樣的觀念後，就不會讓人在讀完星曜對應環境的意義時，變成很難理解，例如為何明明流年田宅宮有天府加祿存，這表示家裡附近可能有銀行這類金融機構，但實際上卻沒有，而且銀行等金融機構通常也不會在一年內忽然出現，就算是今年搬來，明年也不會搬走。問題是明年流年田宅宮沒有天府了，難道銀行一年就倒了，搬家了嗎？雖然不能說沒有這樣的可能性，但是畢竟機率不高，所以我們對於環境的推算，要用運限盤的時間來分析。大限盤時間長，推算的就是比較固定的環境；小限盤時間短而且是自己決定的，所以比較傾向是對於自己居家環境的更動或選擇；流年是環境對我們的影響，因此通常是短時間內環境的變動。依此類推，流月跟流日就是更低微的環境變化了，例如門口修路、陽台漏水等等。

有了前面的基本觀念後，要再搭配命盤上田宅宮三方四正代表環境上的含意，再對應星曜去推算。

圖五／ 太陽的旺盛與落陷

旺盛 巳	旺盛 午	旺盛 未	落陷 申
旺盛 辰			落陷 酉
旺盛 卯			落陷 戌
旺盛 寅	落陷 丑	落陷 子	落陷 亥

圖六／ 太陰的旺盛與落陷

落陷 巳	落陷 午	落陷 未	旺盛 申
落陷 辰			旺盛 酉
落陷 卯			旺盛 戌
落陷 寅	旺盛 丑	旺盛 子	旺盛 亥

圖七／ 田宅宮三方四正所代表的環境

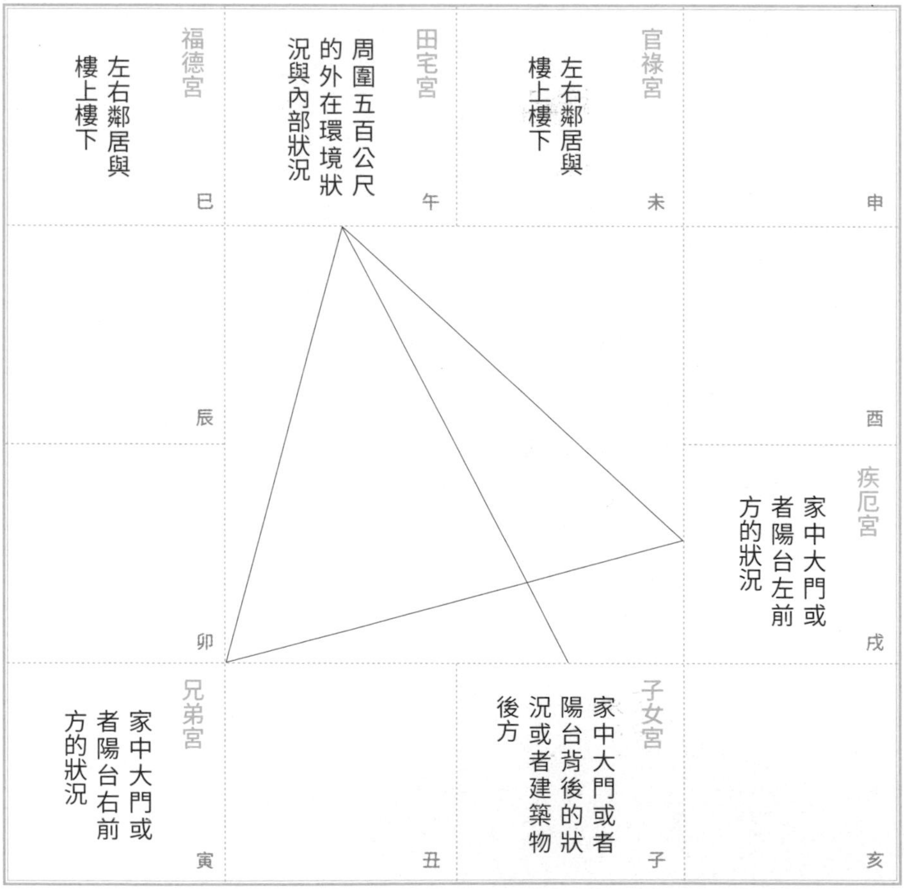

有了基本了解之後，我們就可以將星曜的含意對應於宮位內，了解我們的居住環境，例如紫微星，代表是皇帝的尊貴，如果在本命盤田宅宮，對於居住環境的要求，會希望在比較有名的地段，希望是高樓，或者至少周圍有高樓，感覺比較尊貴。對於居家內部，也會希望門廳好看點，有一些漂亮的燈飾或浮誇奢華的裝飾跟擺設。當然每一顆星都會受到對宮跟同宮其他星曜的影響，如果跟紫微同宮的是貪狼，可能這些裝飾品還會帶點身心靈跟宗教的含意，例如紫水晶、雍容華貴的佛像，因為貪狼代表宗教星。

若是在大限田宅宮，可以說這個人的居住狀況就是如此，本命可以說他出生時的家會有這個情況，或者他內心希望自己的居住環境如此。但如果紫微星在福德宮呢？而且是流年福德宮，可能是樓上搬來一位覺得自己很貴氣的鄰居，或者樓下鄰居正在裝修房子門面，在門口放上一尊佛像。以下我們就來介紹，各星曜所代表的環境含意，無論主星是單星或雙星，都可以單獨解釋。輔星除了可以形容對主星的影響，也一樣可以單獨解釋，例如陀羅星，除了在環境上代表周圍有複雜的巷弄或混亂的老舊建築，也可以說是周圍建築或自己住的地方有壁癌。例如，紫微跟陀羅，我們可以說這個人住在一間七層樓以上的高樓，門廳看起來不錯，不過裡面可能有壁癌。

最後一點是，我們要依照居住環境做分析，例如天機星代表樹林跟電線桿，如果居住者生活在都會區，當然是電線桿出現的機會比較多。天梁星可能是大樹或大型醫院，如果住在鄉村地方，大型醫院比較少，那麼大樹的機率就會比較高。

各星曜代表的居住環境

紫微星

住家附近有高樓，是相對有名的地段，居家內部要求有好的門廳，或是家中會有藝術品，以及較為炫目的燈飾、壁飾、裝飾品等等。跟貪狼同宮時會有宗教物品或書籍，住家附近需要有餐廳或生活機能方便；跟七殺同宮時，則要求家中乾淨整潔，附近有派出所；跟破軍同宮時，家中會有藝術品，並且喜歡朋友到家中聚會，希望居住環境是住商混合區，生活機能方便；與天相同宮時，家裡整齊素雅，重視設計感，布置典雅，廁所要整潔乾淨，居住環境鬧中取靜，交通便利；與天府同宮時，內部格局方正氣派，周圍要有銀行與大型商業公司或公家機關。

天府星

天府星相對紫微星來説比較務實，居住環境重點在格局方正、交通便利、裝潢設計簡約，講求有許多收納的地方，周圍環境有公家機關、銀行、金融機構。

天機星

周圍環境有樹木、電塔、電線桿、長柱形建築物、西藥房、診所、鐵軌鐵道、居家管線外露，可能會常搬家。與巨門同宮時，附近有下水道、涵洞、水溝，家中較為陰暗，房子容易呈長方形，家中有收藏品。與太陰同宮時，居住地勢較低，附近有水池、大水溝，房內較為陰暗，容易有濕氣，運限時容易有多個住所。遇到天梁，附近有大型醫院、廟宇，容易搬家，家中有藏書與宗教物品。

太陽星

喜歡住在陽光充足的地方，最好是相對高處，或者住在高樓。居家內部環境也是希望陽光充足，並且是在有名的地區。相較於紫微要住在較名貴的地區，太陽則是要求有名但不一定是貴的地區。希望附近能有大型的公家機關、學校、辦公大樓。跟天梁同宮時，周圍容易有大型醫院或宗教廟宇、慈善團體、教育機構；跟太陰同宮時（圖八），要看是在哪個位置，如果是在丑位的太陽太陰，則選擇會偏向太陰，房子周圍要有餐廳、市場、公園，並且陽光不要太強，可以在低窪地區。如果在未的位置，則跟前面說的太陽一樣，只是自己的房間可能會布置得很溫暖、陰暗，希望可以在鬧中取靜，但生活機能方便的環境。

太陰星

居家布置要溫暖溫馨，當然也有可能因而變得混亂，附近環境為地勢相對低，有水池、河流、公園、樹蔭、市場市集，家中會養小動物，栽種花草，室內格局狹長，較為陰暗。

天同星

居家附近有高中以下學校，餐飲業、教育娛樂功能方便，有市場或公園、泳池、水池、河流、水道。家中布置溫馨，但容易亂，各類書籍、冰箱雜亂，

圖八／ 太陽太陰會在丑、未同宮

巳	午	太陽太陰 未	申
辰			酉
卯			戌
寅	太陽太陰 丑	子	亥

可能會養小動物。與天梁同宮時，附近會有圖書館、里民活動中心，家中會有宗教物品；與巨門同宮時，附近會有涵洞、大型蓄水池，家中光線較陰暗。

天梁星

大樹、大型醫療機構、大型廟宇、中醫診所、圖書館、藥房，會出現在居家附近。家中有宗教物品，神像、神桌、字畫、書籍。

天相星

注重居家內部裝修氣質，環境整潔典雅有字畫，四周交通便利，有主要交通要道經過，還會有大排水溝或河流，周圍有里民中心等各類公眾聚會場所，以及藝術中心、圖書館。

巨門星

太陽星在旺位時，希望居家寬敞，陽光充足，如果太陽在落陷位，則居家容易混亂陰暗。附近會有公園、學校，希望生活機能便利，有超市、餐廳、捷運出入口，也可能會有涵洞、大水池。

七殺星

居家周圍有警察局、銀行金融機構，各類機器修理、金屬加工行業，以及有傳統廟宇、尖銳造型建築物。居家內部整齊方正、格局簡單。

破軍星

周圍有菜市場、超市、購物中心，交通便利、靜中取鬧，有爛尾樓或建築工地、破舊的房子。水池、墳墓。家中會掛有書畫，若養小動物容易生病，水管容易漏水。

貪狼星

學校、小型廟宇、聲色場所、夜市、商業市集會出現在居家周圍，家中會有宗教物品、圖書、各類收藏品。

武曲星

居家位處商業區，交通便利，有金融機構、派出所、工廠。居家容易凌亂，喜歡格局方正。裝潢簡易，物美價廉。與七殺同宮，重視生活機能，家中不太會養小動物，因為小動物和植物都容易養不活；與貪狼同宮，家中會有各類收藏品，並且喜好呼朋引伴至家中聚會；與破軍同宮，容易亂買東西，家中混亂但又亂中有序，居家附近有傳統市場、水池、舊型社區；與天府同宮，重視生活機能，房屋格局方正；與天相同宮，重視住家附近交通兼具便利與機能，家中擺設務實但有品味，附近有公眾聚會場所。

廉貞星

居家附近會有公家機關、警察局、傳統宮廟、身心靈修行聚會機構，通常會位處商業區。家中電器容易壞。與七殺同宮，通常會在公教人員聚集區域，房屋格局方正；與破軍同宮，大多會住在商業區，交通方便，重視居家裝修設計，家是呼朋引伴的交誼場所；與貪狼同宮，住所較容易是龍蛇混雜的熱鬧區域，周圍學校與聲色場所交錯，生活機能充足，交通方便；與天相同宮，周圍交通方便，有主要道路相通，居家整潔，收藏有藝術品；與天府同宮，住宅周圍有大型公務機關，是商業文教區，居家寬敞方正，家中整潔。

左輔

住家為整棟樓房靠右的單位，或左邊有河岸堤防，連棟長型大樓或建築物，附近有高架道路經過，建築物大門或陽台左邊有大樹、高樓，交通便利，會養寵物，是鬧中取靜的環境。

右弼

住家為整棟樓房靠左的單位，或右邊有河岸堤防，連棟長型大樓或建築物、附近有高架道路，建築物大門或陽台右邊有水道、河道、水池，會在家中栽種植物，交通便利，鬧中取靜。

天魁

周圍有著名景點或歷史古蹟、高樓，或者就住在高樓裡，家中布置較傳統。

天鉞

周圍有著名景點、公園、河堤。家中有花草布置，會收藏畫。

文昌
周圍有書店、圖書館、文具行，喜歡住在靜巷內，家中會有字畫藏書。

文曲
周圍有水池、花園、水道，會在家中栽種植物。

擎羊
附近有電塔、傳統廟宇、尖銳的建築物，家中電器容易壞，寵物不容易養。

陀羅
交通要道混亂，容易有壁癌，家中水管管路易出問題。

火星
居家周圍有回教教堂或傳統廟宇，家中電器容易壞。

鈴星

重視居家品質，居家整齊，家中小動物容易死亡，住家附近小店林立。

利用這些星曜的特質，對應前面敍述的田宅宮在各種盤上代表的含意，以及三方四正，就可以看出自己的居家環境大致的情況。

通常宮位內若出現煞星或化忌，可能表示風水上有問題。這時再利用田宅宮的宮干去飛化，產生化忌的位置就可以知道這個風水問題會影響自己什麼事情，當然這通常會出現在運限的田宅宮，因為風水影響讓壞事發生，造成破財或是感情出問題，這是一種現象，並非與生俱來，所以看的是運限盤。例如，大限田宅宮的宮干化忌到本命財帛宮或大限財帛宮，表示這個十年大限所居住的房子風水影響到自己的投資跟理財會出現問題（圖九、十、十一）。

圖九／ 四化表

天干	化祿	化權	化科	化忌
甲	廉貞	破軍	武曲	太陽
乙	天機	天梁	紫微	太陰
丙	天同	天機	文昌	廉貞
丁	太陰	天同	天機	巨門
戊	貪狼	太陰	右弼	天機
己	武曲	貪狼	天梁	文曲
庚	太陽	武曲	天同	天相
辛	巨門	太陽	文曲	文昌
壬	天梁	紫微	左輔	武曲
癸	破軍	巨門	太陰	貪狼

圖十／ 找出田宅宮的天干，再找四化表，看哪一個宮位裡面的星曜會因為田宅宮的宮干化忌，這就是宮位的飛化。

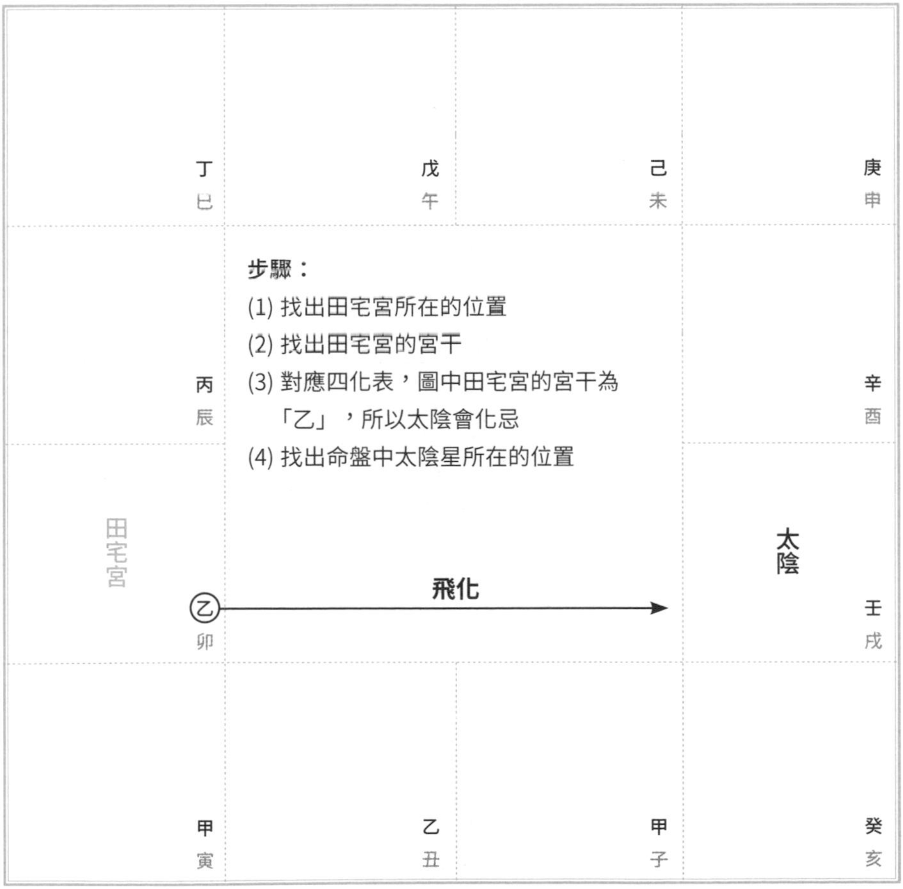

圖十一／ 大限田宅宮宮干造成大限財帛宮化忌

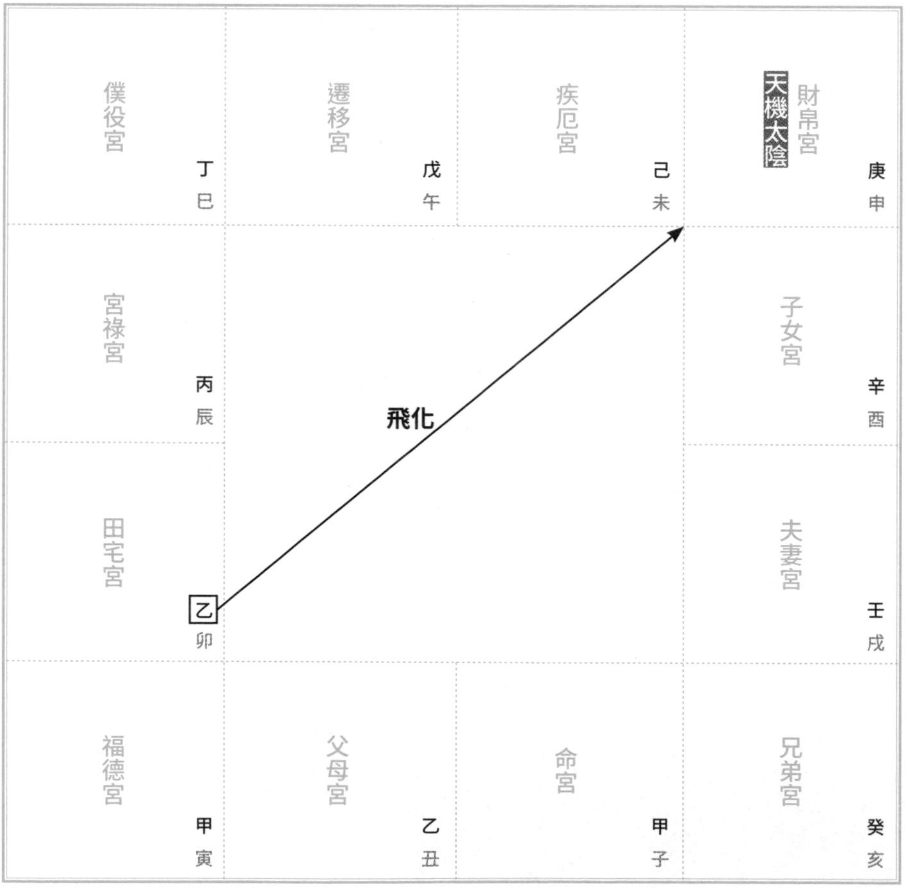

第二章

自己與
環境的關係

1.

風水並非一體適用，找出自己的最佳方案

風水學中，我們常會聽到一種說法，像是「這個家的文昌位在哪裡？」「你的桃花位在哪裡？」「你的財位在哪裡？」其實這種說法分成兩個部分，一個部分是單純就風水學討論環境的理論，也就是前面所說，利用空間變化的概念，引導人在空間中得到空間的影響，進而改變自身的能力、想法，甚至因此改變運勢。

這樣的做法，以居住空間或公共空間建築物風水來說，可以大到建築物外的周邊環境，對建築物的影響，例如路沖的概念，因為有一條馬路直直往

建築物大門衝過來，這對居住其中的人來說，無論是開門看見大馬路對衝著自己，因而覺得沒有安全感，或是實際上容易造成車禍，心情上覺得不舒服外，整天車水馬龍的噪音也會影響心情，更別說在風水學中相信環境磁場的彼此影響。但是如果換作做生意的，而且是需要人潮的店家，就剛好迎接那個對自己衝過來的人潮了。

這些都是外界環境對自己最基本的影響力，也就是依照地形、地物排列出來的空間，造成對我們心情的影響，以及實際生活使用上的不方便。小至在建築物空間中利用空內空間布置，空間的分配與結構對人產生的影響能力，例如教堂內透過挑高的建築空間，搭配高高在上的窗戶，引外界的光芒由上而下散落，產生崇高的神明照護感，讓人將在光線下的傳道者聯想為神明代言人，跟著產生敬意，感受自己受到神的照拂。或是在居家進門後的玄關，利用一道牆面做出轉圜空間，無論是拿來穿脫衣物，整理即將踏進家門之後的身形，或是放拖鞋、公事包，拍落在外面沾染的灰塵，同時轉換原本在外的雜亂心情，讓自己進入家門時減少從外面帶入的情緒。這些建築物內部的空間設計，根本的因素都是來自生活居住空間的需求。教堂引光的設計，是讓建築物內部營造出人望見上天給與光芒，透過厚積雲層傳遞過來，讓人感受在烏雲後得到上天的照應。而玄關的設計，更是古代為了躲避野獸直接進入，以及以往農牧社會，人們進入家門前，需要將自身厚重的衣物脱下，避免屋外的灰塵跟著進入屋內。這些都是透過空間的設計，讓人的心情轉換，進而影響人的方式，逐步演變成精巧的空間風水學。

另外還有一種是因為自身的磁場能量，或者天生運勢適合的方位學。就像個性脾氣躁動的人，在天氣熱的南方，脾氣容易更差。喜歡陽光的人不適合居住在陰暗的房子。依照命理來説，每個人都會有適合的方向跟方位，如同在某個時間點會有比較好的運勢一樣，每個人都會有屬於自己、與他人不同的適合方位。這也在風水學中形成一種主要的論斷方式。然而因為時代變動與宣傳的方便，畢竟媒體與電視宣傳並不方便拿著每位聽眾或觀眾的生辰來分析，傳達出來的訊息需要通用於普羅大眾，所以使用的理論概念會像前面所説，以外在環境的規劃設計或是外界環境對建築物的影響來訴説，才會有所謂開門的右前方是財位這樣的説法。開門右前方剛好是這棟房子所謂青龍位，青龍位通常代表一家的男主人，以及男主人的工作運勢與理財的能力思慮跟邏輯，但是這樣的説法其實太過表面，畢竟所謂一體適用的東西，通常不太適合每個人，就像公版的衣服鞋子跟真正量身訂做的總是不一樣。

我們常見到，許多人因為知道某種招桃花的方式，回家也依樣畫葫蘆地擺起風水陣法，結果一點效果都沒有，甚至招來許多爛桃花，因為適合他的桃花方位不見得就適合你。其實利用紫微斗數命盤，本來就可以為自己找到出門談判的好方位甚至好時機，所以當然也可以利用紫微斗數命盤找到真正屬於自己的各類型方位，因為紫微斗數命盤本來就是一張整合了各種學術的綜合使用命盤，可以代表我們天生帶來的能量與磁場狀態，甚至依照不同的運限情況還有不同轉換。利用這樣的方法，就不會發生家中擺滿招財用品卻總是財運不佳的情況，基本上除了用的東西不對，問題也許就是你根本擺錯地方。

筆者就常遇到客人家中擺了從電視購物買來的招桃花商品，身上戴了各類東西，但是除了招來更多爛桃花之外，也沒有讓自己在感情上有所進展。更別説有那種本來狀況不錯，但是改了風水之後變得更糟的情形。例如，有個客人在居家裝潢時，很相信和風水有關的一切，尺寸都要是「文公尺」上見到的紅字。先不討論文公尺可能是從淘寶買的，那把尺上面的規格標註文字到底準不準確還需要考慮，就算是準的，為了符合上面那些紅字，讓房子的正後方卡了一個窗戶對準房間床頭，剛好是風水上面代表生殖能力、子孫是否旺盛的「玄武位」，而自己的房間對應在命盤上又正是官祿宮還充滿煞忌，因此這個主人一直生不出孩子。

這其實都是因為對於風水原理不了解，用錯方法，並且沒有注意到每個風水技巧的使用都必須搭配自己的命盤特質。以下就介紹該怎麼利用自己的命盤特質，以及用命盤對應自己居家方位，找出命盤上我們自身能力發揮的地方。

2. 利用紫微斗數盤找出自己的好方位

我們知道紫微斗數命盤上的地支位置，子為北方。（圖十二）此時拿出家中的平面圖，當然也可以利用便利的手機 app，自己畫出平面圖，並且利用羅盤或指南針量測出居家方向（現在也有很方便的羅盤跟指南針 app 可以下載使用）。有了居家平面圖，以及知道居家方位後（參考圖十三範例），可以將自己的命盤與其重疊，將命盤上面「北」的位置對上居家平面圖北方的位置，將命盤跟平面圖重疊在一起（參考圖十四範例）。

因為命盤就呈現我們與生俱來的磁場與環境的方位關係，因此，可以利

圖十二／ 紫微斗數十二方位圖

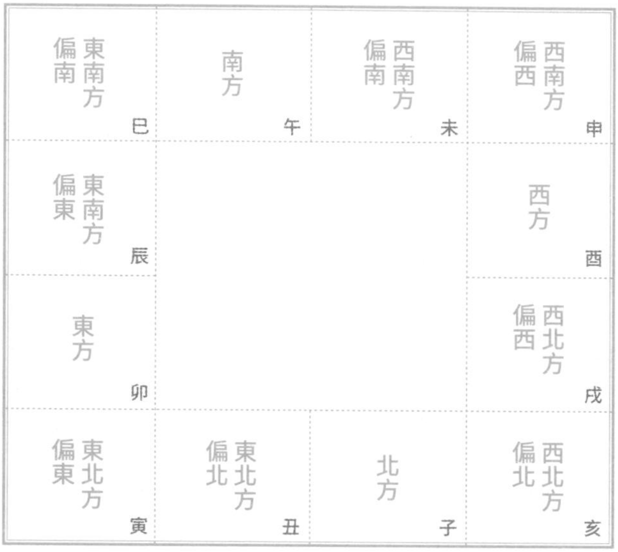

圖十三／ 居家平面圖標示方位

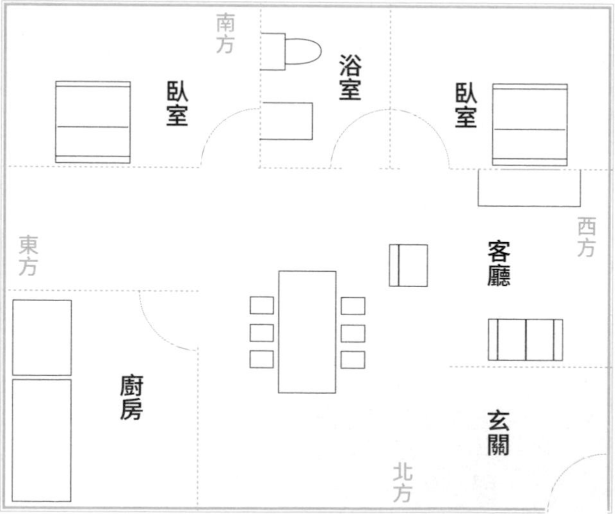

圖十四／ 居家平面圖與命盤重疊

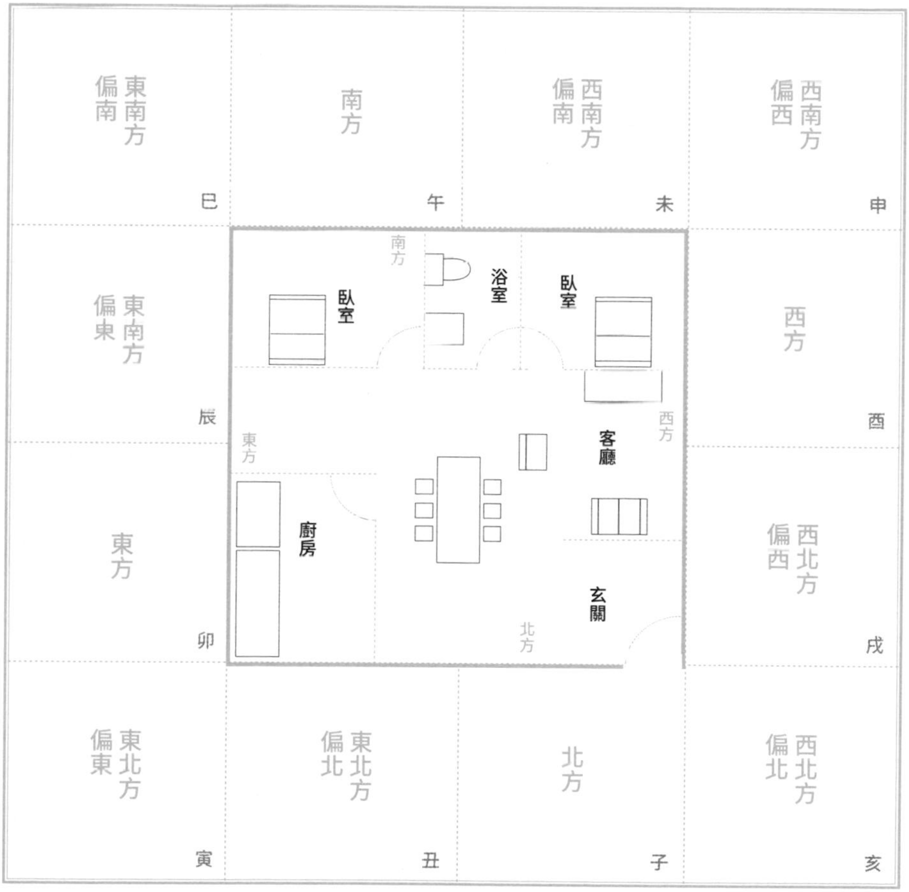

用命盤知道自己各方位的狀況，這也就是為何能夠利用財帛宮化祿或者祿存的位置（圖十五、十六），找到適合的好財運方位，並且利用除了本命盤之外的各運限盤的財帛宮，去尋找各運限好的財運方位。

圖十五／ 本命財帛宮宮干造成化祿或祿存方位，代表本命好的財運方位。

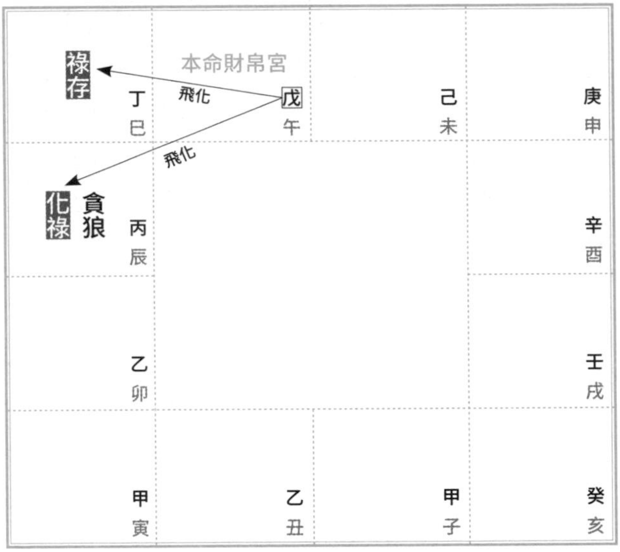

圖十六／　運限財帛宮宮干造成化祿或者祿存的位置，代表運限中好的財運方位。

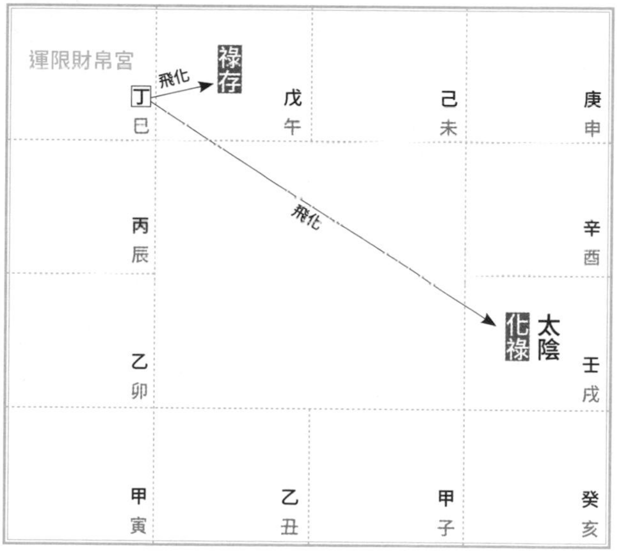

這裡用到的技巧就是，紫微斗數中對於每個人會有自身所帶來的各種磁場與環境之間彼此影響力的應用（本命盤），除了天生的部分，也有每個時間不同而產生不同的方位（運限盤）。就像有些人天生看到海心情就好，但是某些時間忽然特別喜歡往山裡跑。這表示我們會對環境有不同的回應跟變化，而利用紫微斗數命盤，就可以知道自己與環境的變動影響。有了這些基本觀念之後，搭配利用自己的本命盤與居住環境的平面圖，疊合應用，就可以為自己找到在這個居住環境中，自身與環境的對應跟自身磁場能量與環境的彼此影響。透過這個方式，才可以真正找出該環境對於自己的各類影響力，從風水上來說，就是能夠得知在這環境中，哪裡才是你真正的桃花位、真正的文昌位，以及真正的財位，再搭配上風水學上對於方位與空間變化的學理，才能在生活空間中為我們找到適合的好方位。

或許看這本書依樣畫葫蘆的朋友，會發現居家平面圖跟自己的命盤無法完全重疊，也許居家的整體空間是長方形的，或者是不規則的形狀，或是剛好坐東南朝西北，跟命盤上四方位剛好在四邊，無法搭配起來。不用擔心，這是一個自身磁場能量與環境彼此影響的概念，所以如果只是一個長方形，一個正方形，只要調整比例就可以。如果是不規則或方位不同，對應起來剛好會是兩個菱形也不用擔心（圖十七），只要抓出相對應的方位就可以了。命盤跟居住空間當然不可能完全符合，所以需要做點適度的調整。簡單來說，如果我的夫妻宮在命盤的辰位代表東南方，那麼家中東南方就代表我的夫妻宮，依此類推。

圖十七／ 命盤與空間平面圖互相交錯為兩個菱形交疊

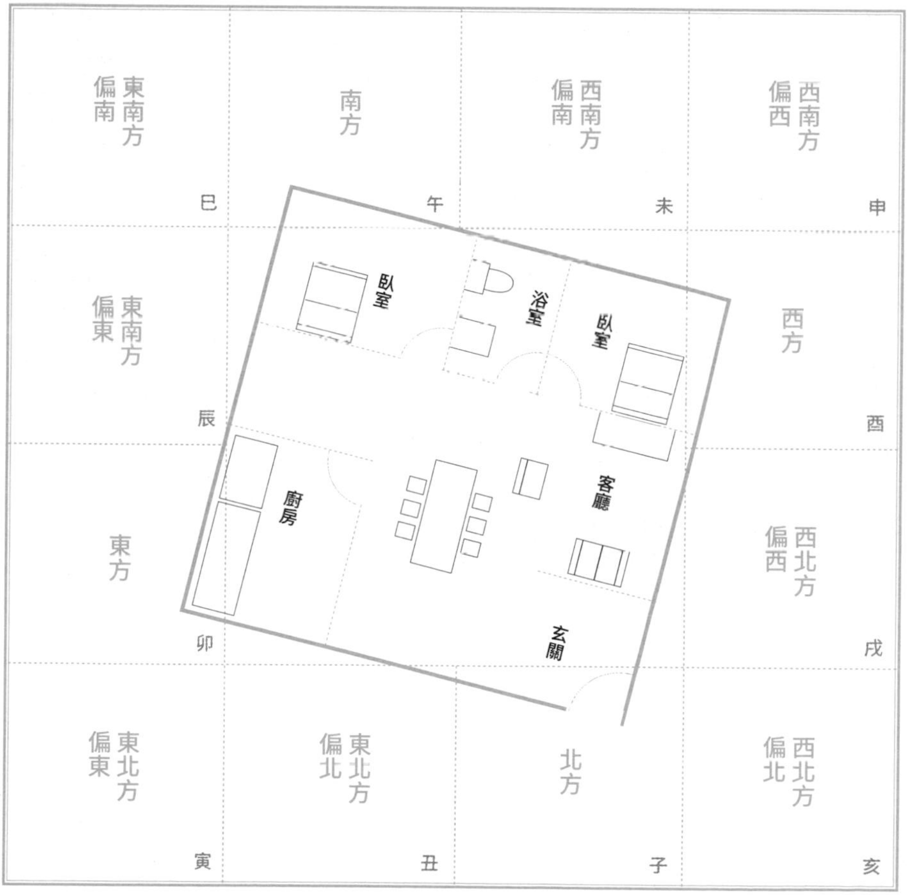

3.

搭配紫微斗數命盤找出催旺人生的好方位

利用前面疊合命盤與空間平面圖的方式，彷彿空間中的每個位置就像是有了我們的命盤投影，所以命盤上的各個星曜就會在空間中對應我們自己，命盤的十二宮也是。簡單來說，我們就可以利用這樣的原理，透過改善空間的狀態，反過來影響自己的命盤狀態。

假如我們希望自己的桃花旺盛，桃花其實需要在某些宮位上才有正式的含意，例如福德宮，若是來幾個桃花，對我們的異性緣分其實沒有太大的幫助，所以，如果我們在對應異性緣分的宮位夫妻宮上讓夫妻宮擁有桃花，就可以改善異性吸引力量。也就是說，透過改善空間的狀況，回應自己的命盤情況，增強宮位的力量。

那麼要如何改善空間的力量呢？這就是所謂催旺風水的概念。讓空間有個旺盛的能量來幫助自己，說起來很玄奇，其實回歸風水空間學的基本原理，就是要讓那個地方感覺起來很不錯。感覺起來很不錯是什麼意思？許多風水書會利用各類型開運商品，擺上各種東西，這個方法會不會有用呢？就學理面來說是可以的，但前提是這些東西要真的具備能量，無論是開過光的開運商品（要由真正有能力的老師開光，不是網購平台那種一次開一萬個、數千個的），或是各種能量商品。我常遇到客人或學生問，曾有老師隨緣送他掛在手鍊上的小神獸，很可愛的那種有沒有用？基本上，就可愛來說應該是有用的，但是也就僅止於可愛。我們當然不能否認，或許有某些能人異士真的可以將自己的偉大力量加持在那條小手鍊上，但是能人異士出現的機率大概跟漫威超人出現在身邊的機率差不多，買張票看電影很簡單，真的出現在現實中卻很難，更別說是開門做生意的老師，或是上電視打扮得珠光寶氣地賣東西了，你可以想像浩克上電視購物台賣強身健體丸的樣子嗎？所以我們可以把這類商品當成心靈上的支柱，就像追不到林志玲但可以放張她的照片在機車後面的擋泥板，每次停車就感覺林志玲對你笑一下，雖然因為是擋泥板上的林志玲，笑起來不免多一些泥土味道，但畢竟是林志玲，也算是芬芳。這些比較偏向心靈的支持層面。筆者書桌旁就有一尊普賢菩薩的神像，也只是從佛具行請回來之後擦拭乾淨而已，因為每天看著，提醒自己普賢菩薩身體力行的中心思想。這樣的東西你說會不會改運、會不會幫助自己？這跟在牆壁貼上藍波的照片，砥礪自己要上健身房一樣，他無法幫你變成猛男，但是可以在你變成猛男的過程中給予支持的力量。

那如果買對東西呢？買對東西也要擺對位置，在房間放個瓦斯爐不是很奇怪嗎？或者在客廳放上馬桶也很怪，對吧？因此，再加上你要會挑選正確位置，一切就開始變得很麻煩了。

我們的建議比較簡單，單純利用命盤給予自己的能量，以及風水學的基本邏輯，利用整體空間與我們的對應關係，也就是利用「光明」的力量。我們應該不會覺得陰陰暗暗的地方很讚吧？也不會覺得髒髒亂亂的空間很讚吧？所以有光，有溫暖，會給予我們舒服的感受，讓我們在那個空間感覺舒適，如果這個舒適的感覺對應命盤上剛好又是我們需要的地方，就可以讓我們在這個地方得到力量。就像命盤上你需要多往東邊走，而居家環境的東邊又剛好是個舒服的地方，就會呼應你的命盤。所以在風水上講「催旺」，其實最簡單的方式就是讓那個地方乾淨明亮，更進一步地可以讓那裡是個你喜歡待的地方，空間要能影響自身，在那個空間待的時間一定要夠久。一個好風水的地方都不去，甚至老師說那裡風水好，但是你從來不去住，怎麼可能幫助得到你呢？

就像一個女人旺夫，但是你總是不聽她的話，甚至反而讓你覺得不舒服，那麼她的好運如何能夠影響你？所以，讓與自己命盤相對應的地方明亮潔淨，甚至點上香，有個舒服的味道，讓自己喜歡在那個環境，就可以簡單做到催旺自己的運勢。但是所謂催旺，還是需要注意一些技巧，要催對地方。例如，夫妻宮代表的是感情狀態，如果夫妻宮裡面有了不錯的星曜，是穩定的桃花，例如太陰、天同、廉貞、巨門，加上祿存。又或者財帛宮有天府、武曲，這些基本上都可以算是對應出空間中那個位置，就會是我們好的桃花位置（圖十八）跟財位。

圖十八／ 命盤跟空間平面圖疊合，標示出夫妻宮與星曜

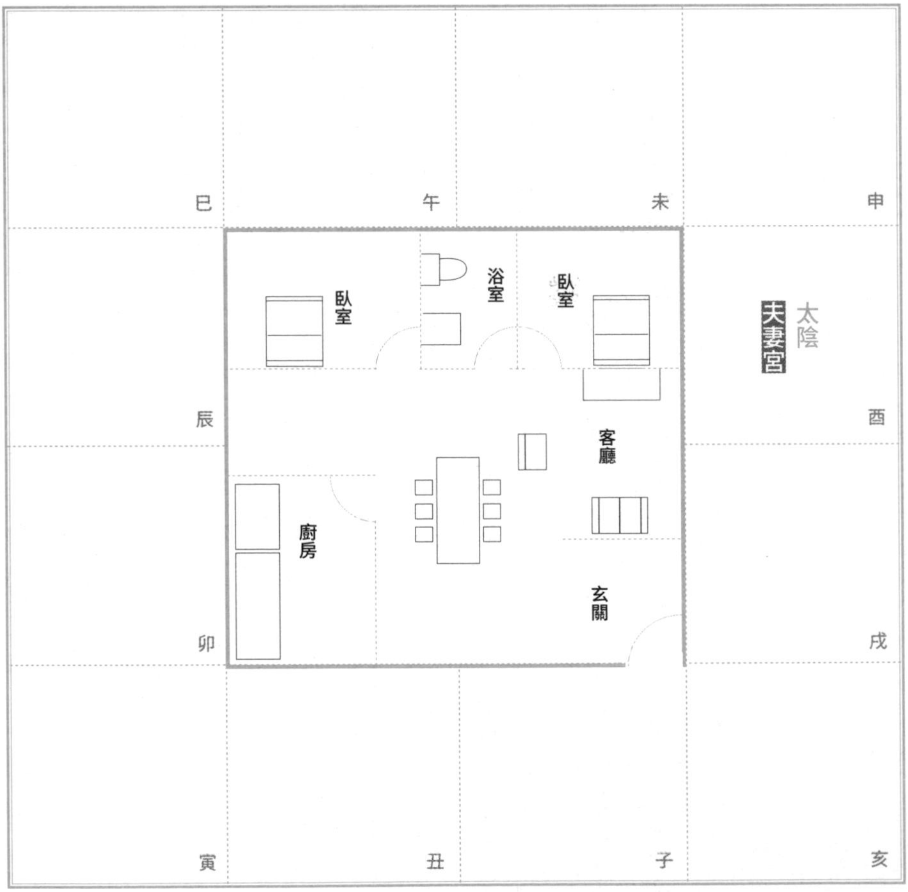

所以如果我們需要催旺自己的桃花或財運，就可以在那個位置放上一盞燈，或點上蠟燭，或擺上高明的老師開過光的開運商品，至少要把那個空間整理乾淨，不能雜亂，這樣就可以直接從風水上提升命盤的力量，增強命盤上原本就給予自己的好運。雖然這是利用紫微斗數盤來改善居家環境最直接簡單的方式，但事事總是無法人如意，有可能剛好那個位置根本無法點燈、點蠟燭，例如在廚房，例如在後巷曬衣服的地方。又或者，自己的夫妻宮根本就是爛桃花一堆，或是完全沒有桃花，所以別說是爛桃花無法處理、讓渣男最好走開，是生活中連個渣都看不到的慘況，這時候再如何在那個夫妻宮的位置催旺都沒用，或者夫妻宮內爛桃花太多，越催越嚴重，該怎麼辦呢？

4.

先分辨命盤宮位好壞，才能知道自己的需求

我們必須先知道自己的命盤狀況以及需求，才能對應風水位置。例如，如果自己的財帛宮不佳，基本上那個財帛宮的位置就不能使用。這時候可能有人會問：如果財帛宮好才可以使用，那麼好的財帛宮又何需招財，增加財運呢？

首先，好還要更好，再者，本命盤的財帛宮很好，但是可能運限情況不佳，所以還是希望能夠增加財運啊！至於好壞的分辨，基本上當然就是看煞、忌由三方四正匯集進來的多不多，如果三個以上（包含三個），就是比

較差的狀況，這時候基本上可以不用看宮位內是否有什麼吉星，或是化祿、化權、化科之類，因為以財運來說，當財帛宮有好星曜跟好的四化（化祿、化權、化科），但是又同時出現三個煞、忌，這就是個風雨生信心，衝鋒陷陣勇敢賺錢去的狀態，原則上真正的大商人跟企業家都是這樣的情況。想想看，無論是古代的封疆大吏、現代叱吒風雲的商人，甚至是位高權重的大官，只要是社會上的領導人物，誰不是在自己生命中有幾個驚心動魄的故事，有幾段可歌可泣的血淚，絕不會在一開始就是風光明媚的風景，更不會一開始就是萬人簇擁的地位。所以在實際的論命上，依照筆者的經驗，我們會推敲他需要注意跟防範的部分，然後鼓勵他勇敢往前，因為風浪中才有大魚，只要做好準備，避免被風浪擊敗，就可以有豐收的機會。

但是在風水中不能這樣，風水是先求安身才能立命，所以要盡可能求好運降臨跟安穩，別自己找個風雨來練習信心。因此，我們不用考慮宮位內是否有好的星曜組合，只要遇到煞、忌，基本上就是不要用了。難道一個人夫妻宮裡有許多桃花星，但是煞、忌也不少，所以這個人通常爛桃花不少，這樣我們還要催旺他的爛桃花嗎？除非這個人特別享受跟追求一夜情。

所以，宮位內狀況好的，我們可以直接用那個位置。宮位內狀況不佳的，該如何是好呢？我們可以利用曾說過的，宮位內的宮干飛化的技巧，例如財帛宮煞、忌太多，我們可以利用財帛宮的宮干化祿或產生祿存的位置（宮位），當成專屬財位（圖十九）。

圖十九／ 財帛宮有煞、忌，宮干化祿跟祿存的位置

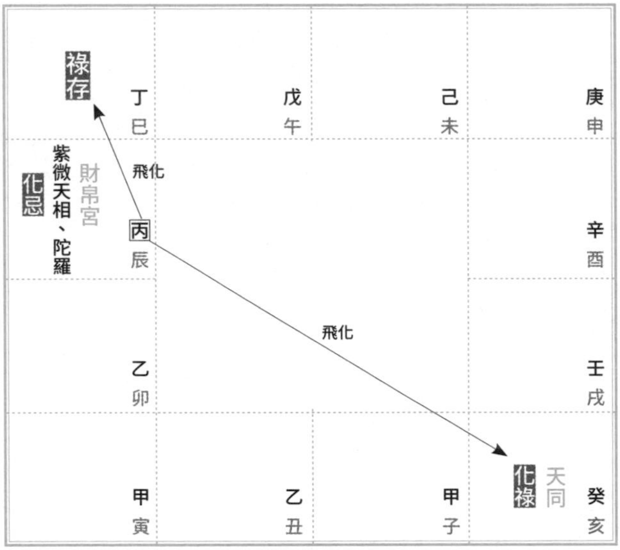

利用這樣的方式，可以找到另一個地方。不過如果化祿跟祿存所在的宮位一樣有很多煞、忌呢？沒關係，財運不只有財帛宮可以利用，命宮統管十二宮，個人運勢好、財運也會好，所以命宮也可以使用，再不行的話，還有代表運氣跟福分的福德宮可以使用。用這個方法就可以找出我們的真正財位，這是不同於單純風水學上的財位，而是個人專屬的。實際上的風水應用需要搭配個人跟環境才會有用，這也是為何同樣一個地方同樣一間房子，某甲搬進去後飛黃騰達、某乙卻是官司纏身的原因。

如果希望自己的異性緣、桃花比較多，希望可以多點機會，可以利用夫妻宮，是不是也可以利用子女宮呢？基本上是可以的，不過子女宮更適合用在已經有穩定對象或者婚姻關係的人。只是會有些小技巧。

感情問題不外乎有對象但是選不到好的，還有的是連對象都沒有，這時候需要注意命盤上的夫妻宮狀態，許多人只是夫妻宮缺乏桃花星，感情方面不是不懂得與人相處，要不就是自己根本不願意接觸異性，或者根本不與追求的人約會，或是總是挑選渣男。我們從實務上看到許多案例，除了夫妻宮實在都是孤寡星曜，三方四正沒有桃花，運限也很孤寡之外（其實這種狀況很難達成，命盤上那麼多桃花星，很難完全不碰到，所以通常是其實身邊有人，只是由於個性問題，沒有給對方機會，或是沒有發現對方對你示好，人家自然就放棄了）。更多的是，其實有機會，只是來的人自己不喜歡，或是因為自己不上心，所以根本沒發現身邊有愛慕自己的人。還有，因為桃花其實多到跟花卉博覽會一樣，樹大有枯枝，人多有白痴，桃花多、殘花敗柳的爛桃花也跟著多了。

如果是第一種狀況，跟沙漠一樣只有仙人掌的，完全沒有桃花的，可以利用跟財帛宮一樣的方式，用夫妻宮宮干飛化，但是飛化出去的地方最好能有比較好的桃花星曜，又或是直接利用命盤上的紅鸞星所在位置（可以不論宮位），但是一樣要注意不能有太多的煞、忌（圖二十）。

圖二十／ 用夫妻宮宮干飛化

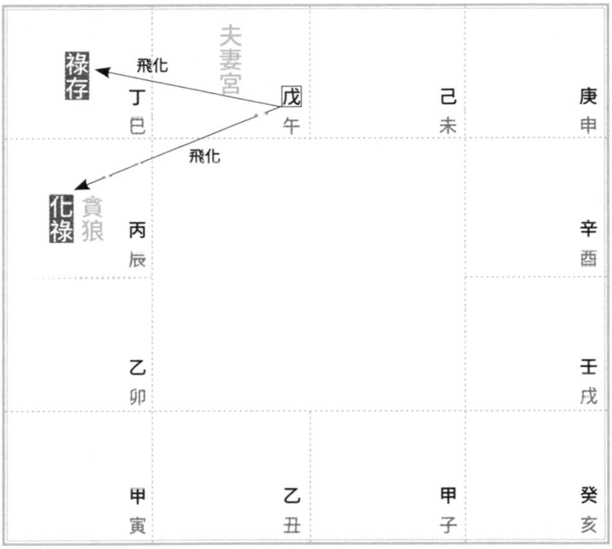

利用飛化找到桃花相對旺盛的位置，用前面所說的方式催旺。但是，實際情況是人睡在那個位置最好，而若那個地方剛好是廚房，倒也不用克難地去睡行軍床。風水的重點是讓自己舒服自在，所以如果地方不適合，可以利用子女宮或是單純催旺就好，不用真的去睡那個地方。

第二種情況則可以歸類為自己的感情態度與心態，所以一方面利用命盤理解自己的感情態度，也同時比照第一種情況，找出方位去改善。但是也可能是身邊已經有人了，這時候利用子女宮的效果其實會更好，因為夫妻宮說的是異性緣分，已經有對象的人就不應該讓異性緣分再增加，不過兩個人之間的性生活若能提升一下，是可以增進感情的。當然這一切只是輔助力量，不能完全只利用風水而不改善自己，如同前面所說，風水的力量是我們跟環境的關係，我們找到一個比較適合自己的位置，就像行軍打仗要占上風，但是如果自己就是烏合之眾，即使占了上風，可能也會打敗仗。

最後一種情況，其實反而是我們實際諮詢中最常遇到的，桃花太多不知道該怎麼辦，挑來挑去最後總是挑到爛的。這個很妙，通常夫妻宮很旺盛，星曜大爆發，桃花滿滿加上煞、忌一堆。如果是這樣的情況，除了自己對感情的態度觀念要改變（我們有句名言，人要吃屎一定是人自己的問題，不是那坨屎的問題），這類人最常抱怨的是為何遇不到好的異性，但是你會發現，其實他根本不愛好男人或好女人，通常是他的夫妻宮本來就比較旺盛跟混亂，在情感上因為機會多所以選擇多，都想試試看，最後讓好的人根本不敢靠近，或是本來就喜歡具備渣男、渣女條件的人。這樣的人因為本身夫妻宮旺盛，對應在風水上，當然就不能再去催旺，應該要反其道而行，少靠近那個地方，更不要睡在那裡，把那個位置拿來收納，放些書籍類的東西，但是也不要搞亂。雖然旺盛的位置要乾淨光亮，但在這裡就不能旺盛，也不用弄得髒亂，因為髒亂的氣場本來就會對應不好的思慮跟運勢。本身夫妻宮已經很混亂的，想辦法降低影響力就好，再更混亂當然不行，根本是火上加油。而且這類人家中房間最好要把衣物整理得乾淨整齊（感情混亂的人通常家中衣物也容易亂丟，尤其是內衣褲），如果命盤上紅鸞星所在宮位內的星曜穩定，煞、忌不多，就可以在那個位置點個檀香，放個會穩定心情的神像繪畫，水晶那類的就免了，越穩定的越好。

這類的人其實問題是本身桃花多，所以他需要的是穩定心情，如果有很多對象可以選擇，其實只要選到好的就可以，不需要再去增加，所以跟前面兩種的觀念不一樣。因此，如果福德宮不錯，點香念經（基本上什麼經都可以，股市投資聖經也沒問題，只要不是邪教或教人作亂的），或是常在那個位置打坐，都可以增加心靈的穩定，讓自己在情感上可以更加明辨，搭配《紫微攻略1》中教授的方式，就可以找到不錯的對象。

要找感情對象則是找紅鸞星，想要增進性生活或求子，可以找天喜星。紅鸞跟天喜都有生年跟流年，如果生年不適合，因為煞、忌太多或遇到地空、地劫，則不能使用那個位置，可以找流年，如果都不適合，至少可以看看每年的流年（流年紅鸞、天喜的找法可以看筆者的部落格或youtube教學頻道）。

除了財運跟愛情，若希望工作運勢好，當然要利用官祿宮，希望自己有貴人幫助，可以利用命盤上遷移宮跟僕役宮的位置，或是命盤上天梁、天魁、天鉞這些貴人星的位置。使用訣竅為：如果是利用宮位，要先看宮位裡面的狀況，三方四正超過三個煞、忌不能用，不能用的時候可以用飛化的方式找到化祿跟祿存的位置，但是如果化祿跟祿存的位置煞、忌太多也不能用，就找替代的宮位，例如命宮幾乎是所有宮位都可以替代的宮位，再不行就找相關星曜的宮位，例如財運可以找武曲星的位置，天府星也可以，但是天府要有祿存星同宮才可以用，或太陰星也可以。

利用這樣的方式，在現實環境中為自己找到最佳空間，在那個空間給自己力量，或者催旺那個空間的實際情況，來增強自身能量。搭配自己對命盤上的理解與改變，就可以讓我們在某些期望能夠有所發展的事情上得到適度的幫助。

這就是利用紫微斗數命盤，對我們與環境能量呼應所可以利用的方式，現實空間的變換給予自己不同的感受，利用環境的變動來增加自己的能力。但是這個方法除了本身命盤的宮位不能有煞、忌去破壞之外，現實生活中也會有些原本單純風水學的禁忌，例如找到一個命盤上很好的位置，將自己的房間安排在那裡，準備搬進去睡上半年，增加財運，結果那個房間屋頂有大樑壓床，上面還有冷氣出風口，這樣住起來就會不舒服，當然不能搬進去住（本書後面會介紹各類風水上的禁忌）。

命理跟風水學裡的應用不能脫離現實，如果風水的基礎是讓人生活得好跟舒服，那麼只要跟這個基本價值衝突的，都不能使用。就像我們常見到一種風水的擺飾商品，在水盆上放顆球，並且利用水流來滾動，這個原始的邏輯是風水上利用水流跟氣流的變化，造成空間中磁場能量的流動，讓好的能量聚集流動進來，或者說讓壞的氣可以轉出去，基本上就是來自一灘死水不如一池活水的概念。我們先不說這個東西到底合不合風水邏輯、有沒有效果、放的位置對不對、能產生多大的助益。光是東西的大小，可能就有問題，太小的，水根本帶動不了整體空間的氣；太大的，家裡可能放不下。而這類的東西通常藉著風生水起的名義，再搭配上水池，還要擺上各類錢幣、五色石頭來做風水陣，而且一般都是用在營業場所，因為營業場所比較需要人氣流轉，居家擺這個不太適合。但是，我們看到的通常是在營業場所的櫃檯擺個小型的，因為太大會影響營業空間，結果櫃檯後方堆積雜物，所有的招財商品都放在那裡，反而形成雜亂的情況，這就像是田宅宮內出現了陀羅，文曲化忌，天機化忌，或是破軍對宮天相化忌這類情況，居家環境或室內容易雜亂，這光看星曜就可以知道風水不是太好。事實上，這樣放其實反而讓店內容易引起人事紛爭，現金收支凌亂。即使客人來了，問題還是很多。因此，實際使用的時候需要多方搭配。

所以，我們通常會建議在調整風水的時候，不要自作聰明到處看書，各類知識都使用，因為那些網路資料或是哪位大師的建議，不見得真的適合你。許多有名老師公開的建議，常是一種概略的觀念，如果將每位老師的方式都用上，最後就是一團混亂。因此，一個最簡單的方式，就是單純利用空間中自行調整的催旺運勢方法，單純地把空間打掃乾淨，增加光亮，既便宜又簡單。另一個方式就是找其他的位置，如果原本對應出來的位置不適合，而且催旺運勢時，一定也要顧及居家情況，不能為了催旺風水，老師說要點燈，結果在家裡放一盞很大的戶外招牌投射燈，會不會催旺不得而知，至少住起來一定不太舒服。想想看為了招桃花，在自己房間點滿蠟燭，或許很浪漫，但是每天這樣點，可能也是鬼影幢幢。因此，一切還是要以讓自己住起來舒服為原則，至於怎樣的情況會是實際風水上本來就要注意的問題，我們會在後半段提及。

第三章

變動的風水
與變動的命運

1.

從運限田宅宮上看到風水對自己的影響

前面提到，現實中可以簡單利用命盤，了解自己是否受風水影響。有些人（例如神經很大條的筆者）雖然會看風水，卻不在意居住環境、隨便亂住，自己覺得開心就好。實際上這當然跟個性有關，就像天同星的人，即便遇到再多的災難也樂觀處之。雖然筆者不是天同星人，但是因為多年對命理的研究，將生命中許多困難的事物都視為考驗，所以也就相對不去計較是否要處處防範、消災，但是有時候剛好運限走得太差，也就不得不注意，就算再怎麼天同，再怎麼樂觀，公司垮了、手斷了，也是會很悲傷難過吧！

筆者剛出道時曾在網路上遇到一個客人，這個客人被診斷出免疫球蛋白不全，在紫微斗數跟古代中醫的概念裡，這類細胞異常增生或減少的情況，通常都是因為靈魂不穩定所引起。靈魂控制肉體，當靈魂不穩定的時候，對肉體的控制失調，造成細胞不按規則變化，變得太多或太少。這也是為何現在許多人討論癌症的時候，會提到好好過日子、不要有壓力、放輕鬆、生活作息正常，就是對抗癌症的自然方法。這樣的生活方式，讓精神自然穩定。精神跟靈魂在紫微斗數都是對應在福德宮，精神穩定了，自然靈魂就會穩定，當然就有機會讓身體的狀況變好。而那位客人的命盤並沒有遺傳性癌症或相關疾病的可能，但是從運限盤中看卻有潛藏的機會，這表示是外力干擾造成。

古代醫學或紫微斗數相信，人的所有疾病只要不是外力入侵造成，例如新冠肺炎、霍亂、感冒、肢體受傷，或因為肢體受傷影響的疾病，例如脊椎側彎壓迫子宮這一類，絕大多數人會生病是因為天生遺傳，也就是天生某個部位比較弱，加上後天不當使用就生病了。就像這個客人看起來並沒有天生得到癌症的情況，而是後天外力造成的。再一看發現他的田宅宮有問題，於是詢問家中是不是有不乾淨的東西，得知他的祖母過世之後一直在家中徘徊，期間請了附近宮廟法師作法，結果越來越嚴重。後來建議他先暫時搬離原本的房子，半年後客人回饋說去醫院檢查身體，狀況變好了，兩年後自動痊癒。

在這個案例中，客人基本上是受到家中不正常磁場影響，造成身體出狀況。這樣的影響當然有各種可能，或許不見得是這麼嚴重的疾病，也可能是發生在工作或夫妻感情上。但是從命盤上可以簡單看到這個問題，有時候命盤狀況很好，即使風水不佳也沒關係，但是如果剛好運勢不好，風水再出狀況，就會明顯出問題。這就如同有的人住在鬼屋都沒事，有的人就會被騷擾，有的人光是經過都受不了，看鬼片也不行（可能是太膽小），所以每個人的體質不同，受到的影響也不同。這也就是為何有些人會覺得自己的住家依風水來說充滿煞、忌，但是自己卻住得很開心的原因。

2. 從紫微命盤看風水對我們的影響

我們可以利用紫微命盤看出風水是否影響我們，基本的方法是：利用田宅宮的宮干造成哪個宮位的星曜化忌。例如運限盤的田宅宮出現煞、忌，表示此時居家風水可能有問題，而田宅宮的宮干剛好化忌進入某個宮位，就可以知道田宅宮的風水影響了我們什麼事。這個方法可以利用宮干化忌，看化忌到哪個宮位，再依照那個宮位的星曜做判斷，例如流年夫妻宮有巨門、陀羅，本來可能只是跟另一半有點溝通不良，但是此時田宅宮的宮干是丁，而且田宅宮有煞、忌出現，且天干丁會造成巨門化忌（圖二十一）。

圖二十一／ 田宅宮化巨門忌進夫妻宮

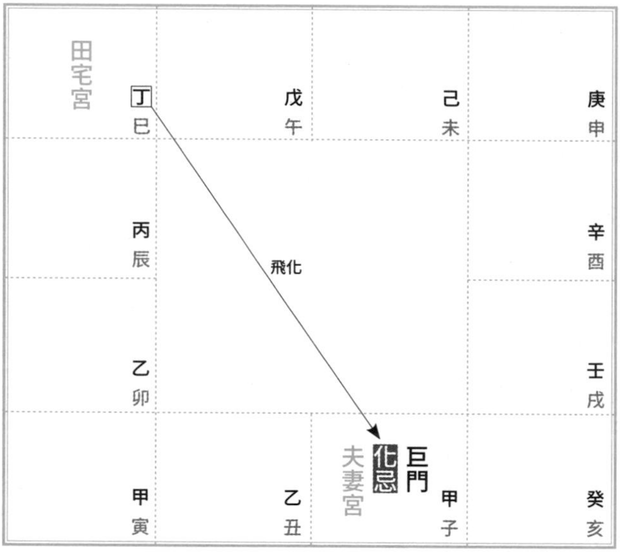

這就會因為風水問題造成夫妻之間從只是不善溝通，變成口角爭執。這種爭吵會讓人覺得很莫名其妙，兩個人雖然偶爾溝通不良，但是平常好好的，卻會突然在某個時間點怒火中燒，想跟對方開吵。如果盤上有這樣的跡象，就可能是因為住家附近環境變動，或是家中剛好有不同的變動，造成風水轉移，影響了自己的命盤。

這個方法需要注意的是運限盤的田宅宮，而不是本命盤的田宅宮，因為以紫微斗數來說，事件的出現，通常是發生在運限盤上，而不是本命盤，本命盤絕大多數只會代表天生的價值觀跟能力、特質，除非小時候家中出現變故。小時候通常是第一大限命盤，也會剛好是我們的本命盤，這才可能出現因為小時候家中的風水問題，對自己產生影響，否則通常是運限的命盤造成。再者，會有這樣的情況，需要先注意田宅宮內是不是已經出現了風水上的狀況，有煞、忌出現，再推敲化忌到哪個宮位，對哪個宮位產生影響，否則好好一個很漂亮的田宅宮單純化忌給其他宮位，可能只是自己在乎家庭而對於另一個宮位產生影響，例如化忌給官祿宮，因為重視家庭生活而影響工作，這不會出現什麼大事，愛家並沒有什麼不好。

最後一個組成要素，必須是化忌進入的宮位本來就有問題（圖二十二）。

例如出現了兩個煞星，有擎羊、有火星，本身已經具備柴薪，只差人去點燃，例如這時田宅宮的風水出問題又化忌，就會引爆那個宮位的問題。如果化忌過去的宮位也很健康，就不會是這樣的解釋，例如田宅宮很讚，夫妻宮也很讚，分開解釋是一個愛家的人，感情上穩定良好，這時化忌過去，卻可以解釋成他會希望結婚，因為他愛家，而且為了家，可能需要面對本來很好的感情，卻需要做選擇，那就把愛人娶回家好了，這反而是好事（圖二十三）。因此我們需要這樣分辨宮位的情況，才能做出判斷，再依照前面所教的田宅宮內可能的方位以及煞忌出現的位置，找到風水問題。

圖二十二／ 田宅宮化忌到僕役宮，田宅有問題，僕役有問題

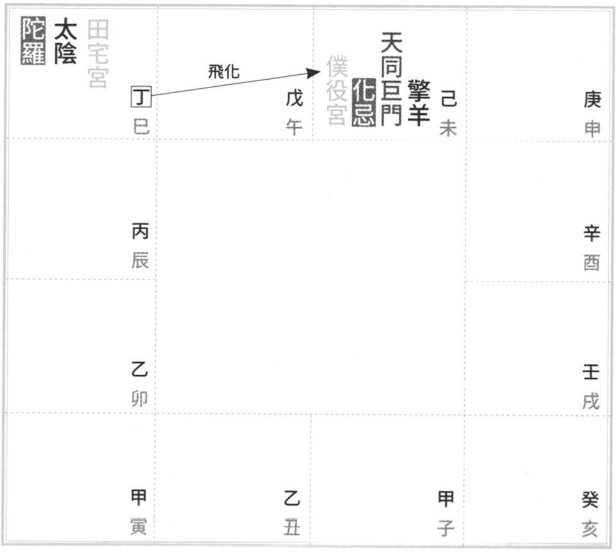

圖二十三／ 田宅宮化忌到夫妻宮，田宅、夫妻都沒有問題，有化祿跟祿存。

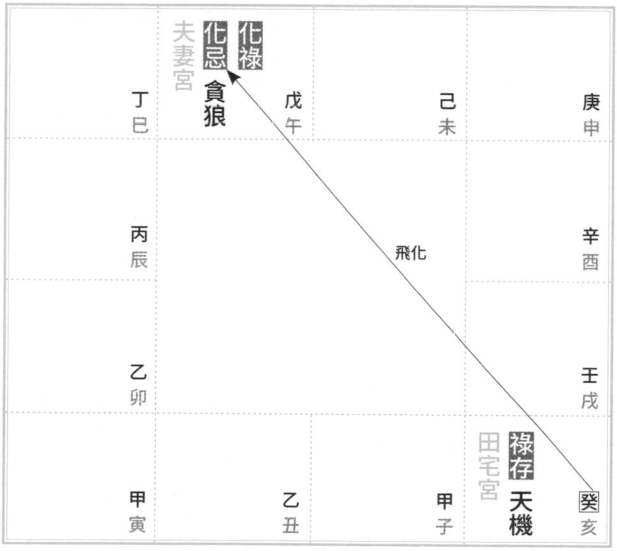

除了田宅宮化忌給某宮位的方法之外，也可以利用疊宮跟暗合宮來找到問題。在紫微斗數中，兩個宮位疊併，代表宮位間彼此的影響，下面一層的宮位代表事情的發生原因，上層代表發生的現象跟情況，暗合宮則是兩宮位間彼此的潛在影響。

這樣的組合，都可能因為田宅宮內的風水問題，讓自己的另一個宮位產生影響。以疊宮來說（圖二十四），因為本身是兩個宮位疊併，所以如果風水有問題，是宮位內或宮位的三方四正本來就充滿煞、忌，進而影響上面的宮位產生狀況。如果是暗合宮，則是因為田宅宮暗合了另一個宮位（圖二十五），這時候較明顯的需要是田宅宮內直接有煞、忌，再暗合過去另一個宮位，當然田宅宮有問題是可以確定的，但是這個風水問題是否影響暗合的宮位，就要看暗合的宮位本身的狀況，如果狀況也不佳，就會受到風水的破壞。

這三個方法能不能組合應用呢？當然也可以。

圖二十四／ 疊宮示意圖（流年財帛宮疊大限田宅宮，宮位內有陀羅，武曲天相，天相化忌）下面宮位田宅宮影響上面的財帛宮，有煞、忌在裡面，表示風水上出問題，影響了上面的財帛宮。

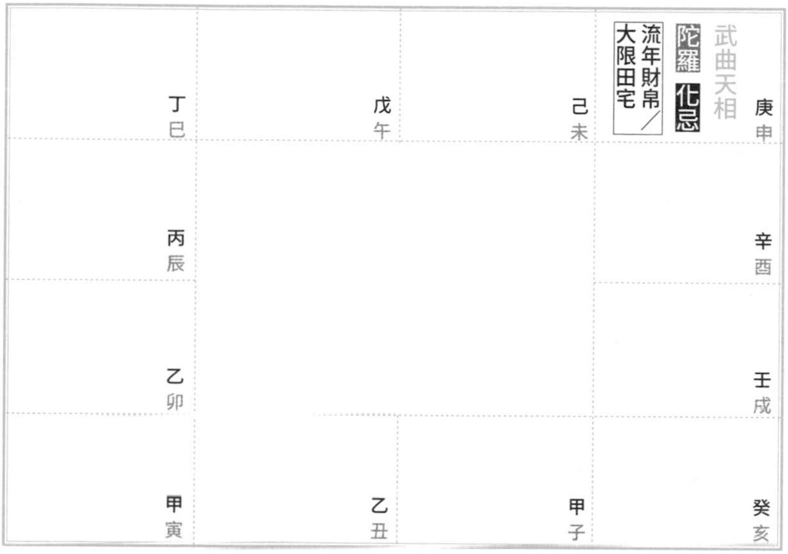

圖二十五／ 暗合宮示意圖（流年財帛宮暗合大限田宅宮，田宅宮有擎羊，財帛宮有武曲貪狼，武曲化忌）田宅宮的風水暗合影響流年財帛。

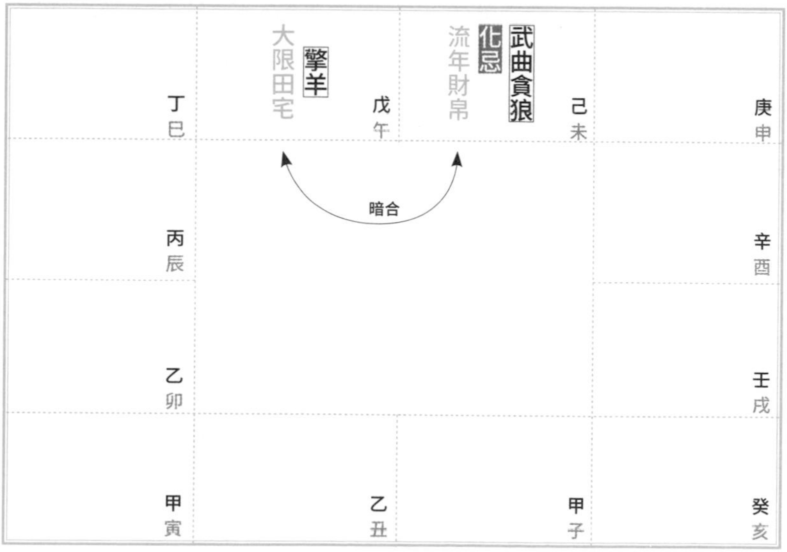

3.

命盤上告訴我們風水隱藏的潛在危機

透過上述的方式，我們可以檢查出自己最近的倒楣事，還有老公總跟自己吵架，跟同事起糾紛，朋友都說自己壞話，是不是因為家中風水出狀況，但是實際上可以有更細膩的發現。

前面命盤對應宮位的方式，是利用與田宅宮產生疊宮，或是田宅宮暗合的某個宮位，或是田宅宮的宮干化忌到哪個宮位，得知因為風水影響了我們什事。但是更深入一點，可以透過命盤知道，這樣的影響對我們會產生什麼樣的問題？這也是紫微斗數上對於環境與人，還有人與人之間磁場與能量彼此影響的觀念與用法，相關的用法也在《紫微攻略1》和《改運之書．格局篇》提過。就像許多我們曾經聽過的，某命理師會說如果嫁給誰，會旺盛夫家，是一樣的觀念應用。這裡介紹的則是總和前面所說，更細節的用法。

首先，我們知道田宅宮如果出問題，可能代表家中風水有問題，然後依照田宅宮宮干化忌的位置，知道風水問題影響了哪一個宮位，例如田宅宮化忌到夫妻宮，巨門化忌，巨門代表口舌問題，所以夫妻間會因為口舌問題爭論吵架。這是對應星曜之後，可以知道風水的影響會發生什麼事情，再更進一步分析，可以應用到疊併宮位的用法。舉例來說，今年的流年財帛宮剛好疊在大限田宅宮，而大限田宅宮有許多煞、忌，這個最基礎的解釋就是今年理財不利，會破財（圖二十六）。

但是，為何會破財呢？這其實可能跟自家風水出問題有關。此時如果財帛宮又剛好化忌到夫妻宮，巨門化忌，就可以說是因為理財問題而與感情對象有爭吵（圖二十七）。

圖二十六／ 流年財帛宮疊大限田宅宮，三方四正有雙陀羅、有忌。

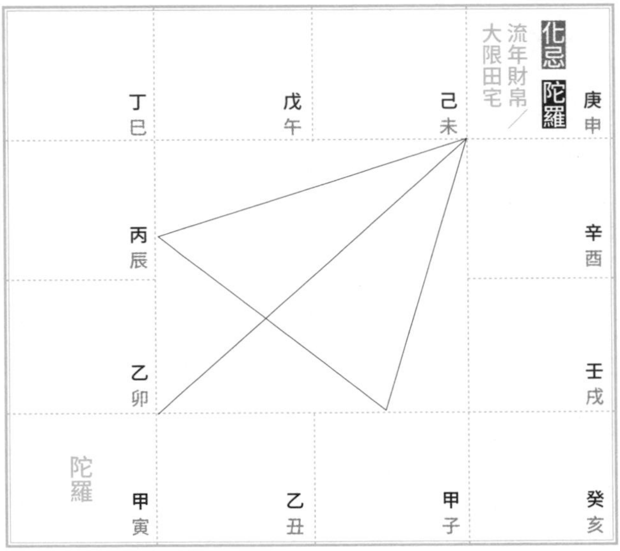

圖二十七／ 流年財帛宮疊大限田宅宮，三方四正有雙陀羅、有忌，財帛宮宮干化忌到夫妻宮巨門忌。

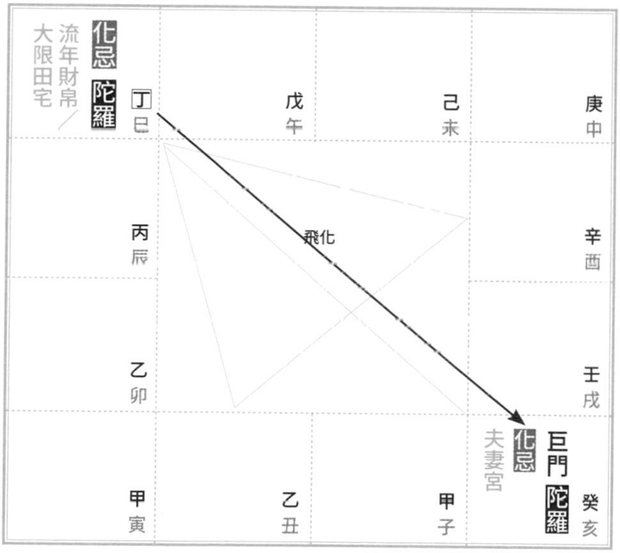

所以我們可以利用這樣的方式找到風水潛藏性的影響，如果是因為暗合宮的風水影響，該如何看呢？舉例來說，流年田宅宮有煞、忌，風水有問題，暗合了夫妻宮，表示自家的風水影響了感情狀態，而夫妻宮宮干化忌到官祿宮，就可能是因為風水問題，影響了自己的感情狀態，再進一步影響自己的工作（圖二十六）。例如自己的工作比較需要依靠異性緣，或自己的情人妻子是工作夥伴的，都需要注意這樣的情況。如果單身，則夫妻宮可以當成官祿宮的對宮（每個宮位皆可以當成對面宮位的對宮，代表著那個宮位的外在表現跟內心的想法），所以夫妻宮也可以當成自己對於工作的內心想法跟外在表現，這時如果工作比較需要與人接觸，需要展現自己的外緣，就會受到影響，或是內心會覺得對工作有所不滿。至於會產生什麼影響？如何不滿？當然就要看是什麼星曜在裡面造成化忌。

圖二十八／ 流年田宅宮有武曲七殺、擎羊，武曲化忌同宮，暗合夫妻宮，夫妻宮宮干化忌至官祿宮。

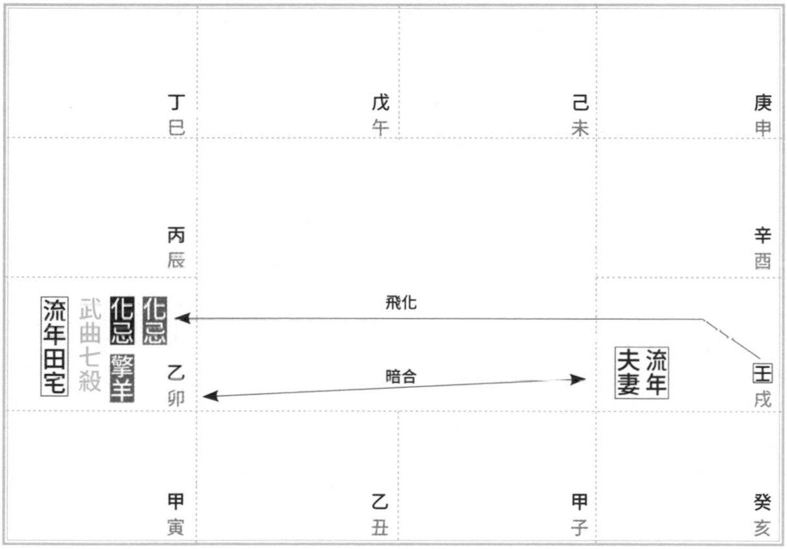

有時候這個風水問題是出現在大限命盤，也就是大限的田宅宮出狀況，所以影響的時間會長達十年。有時是單純的流年田宅宮出現問題，就比較簡單，影響只有一年的時間。如果出現在流月，則使用的方法比較有趣，可以從命盤上看身邊風水的變化會影響什麼？例如，筆者的遷移宮為天機星，還帶了煞、忌，這本來就具備了出門容易有骨頭受傷的問題，因此只要住家門口有任何施工，那一陣子膝蓋就不好，或是骨頭會受傷。後面我們會提到基礎的風水學方位應用跟觀念，就可以依照邏輯知道，這個月如果剛好家中附近有任何突然出現破壞風水的事情，可能會對應在命盤上哪個部分，就知道會造成什麼問題。

以上這個部分說的是居家風水，那麼工作場合的風水呢？一般來說，在紫微斗數上，提到辦公室，我們會利用的不是田宅宮，而是疾厄宮。因為疾厄宮剛好是官祿宮的田宅宮，這是紫微斗數中常用的觀念。因為紫微斗數的十二宮順序是固定的，可以將任何一個宮位當成命宮，接著就可以變換對應其他宮位的含意，讓每個宮位都可以有更多的應用。例如兄弟宮是父母宮的夫妻宮（夫妻宮一定是命宮的逆時鐘兩格），所以若將父母宮當成父親的命宮，兄弟宮就是父親的夫妻宮，是父親的感情狀態宮位，通常會是自己的媽媽（當然有時候也會有例外，也許父親的感情比較豐富一點），所以如果談到辦公室，可以利用這個邏輯去找。

圖二十九／ 官祿宮當命宮，疾厄宮是官祿宮的田宅宮。

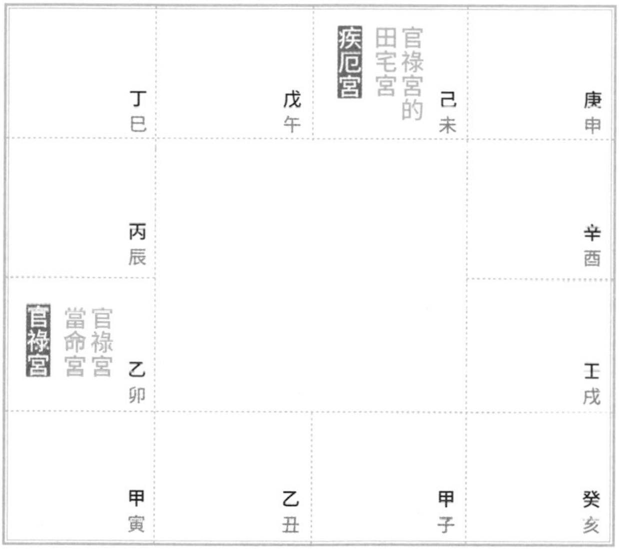

找到了代表辦公室的疾厄宮後，其他部分就可以引用前面田宅宮所教的用法來使用。不過，許多時候辦公室不見得是我們可以選擇的，即使風水不好，也不見得可以調整，除非自己是老闆。但是至少我們可以利用這個觀念，找出對自己比較好的辦公室位置，利用最前面所說，把自己的命盤放在整個辦公室的平面圖上，看看哪個位置對自己最有利，或是如果自己的福德宮不錯，就找出福德宮宮干造成化祿跟祿存的位置，對應命盤位置再疊合辦公室平面圖，就可以知道自己坐在哪裡比較好。當然還是要注意這需要是合理的位置，不能因為比較好的位置在陽台，就跟老闆提議要坐在陽台，或者最好的位置是老闆辦公室，你就提議要跟老闆坐在一起，這樣老闆娘可能會先對付你，還等不到三個月風水對你的影響，就已經被掃地出門了。當然如果完全挑不到位置，就利用前面說的，多出去走走、多出去待著的方式，增加自己的影響力。不過如果真的都很糟糕，選不到好地方，自己的運勢又不算太好，在公司總是問題很多，就可以考慮換公司了，畢竟那家公司就是跟你沒有緣分。至於在桌上放什麼東西，坦白說那是完全沒用的。筆者曾有學生在上風水課的時候，提供了自己工廠的平面圖，跟附近的建築照片，發現那家工廠某一個位置受附近電塔磁場的影響，後來證實只要在那個受電塔影響的角落上班的員工，都會出問題，公司在五年內有三個人得到癌症，但是老闆卻沒有事情，當然其中一個原因是老闆的身體條件很好，還有就是老闆雖然會到那裡開會，卻不常待在那裡，所受到的影響也不大。

如果不是辦公室，而是營業場所呢？

如果不是辦公室，而是像餐廳、賣場這類的營業場所，因為員工的工作屬流動性質，所以對員工的影響不大，通常影響的是員工之間或是對應老闆，因此如果是自己的餐廳，就要注意自己的命盤與這個營業場所的對應關係。使用的邏輯也跟前面相同，用自己的命盤對應場所的平面圖，收錢、管錢的地方當然要在田宅宮或財帛宮的位置，客人進來的位置最好是遷移宮或財帛宮的位置，辦公室跟廚房要選擇官祿宮的位置，當然前提是這些宮位的狀況都不要太差，如果真的不好，至少相關宮位宮干化祿或祿存的位置要不錯。如果都不好呢？其實換個店面也是不錯的選擇。當然，這個問題是老闆要擔心的，跟我們沒有關係。

各星曜出現化忌時所需要注意的問題，無論是因為田宅宮飛化進去，或是因為疊宮所產生，這是初學者的簡易分析參考，是以流年、流月的命盤為主，如果需要對每個星曜詳細解釋，可以看筆者的免費教學頻道，或是筆者其他書籍。

十天干造成星曜化忌在各宮位的解釋

	太陽星
命宮	覺得事情不如自己的想法，總是做得不夠好，一切沒有按照自己的理想進行，身邊如果有男性友人、上司，容易與之爭吵。
兄弟宮	與男性兄弟不和，如果沒有兄弟，則是跟朋友，尤其是年紀或身分位階比自己高的人。
夫妻宮	容易與另一半有爭執，因為對事情的看法不同，沒有對象者，則需要注意與工作上的上司有意見紛爭。
子女宮	與家中男性長輩或老公為了孩子的事發生爭執，或者有破財機會。
財帛宮	有破財機會，投資理財需要注意。對宮如果是巨門，需要擔心有官非，或是與人有合約問題。
疾厄宮	心臟或眼睛出狀況，對宮如果是巨門，可能會有法律問題。

遷移宮	在外希望得到尊重，但是往往不如預期，工作上容易與上司產生糾紛。
僕役宮	容易與男性友人有紛爭。
官祿宮	在工作上容易與上司產生糾紛，工作不如意。
田宅宮	與家中男性有衝突，或破財。
福德宮	破財或對生活不滿意。
父母宮	眼睛或心臟問題，或是法律問題。

太陰星

命宮	心思焦慮不安，女性需要注意婦科問題。
兄弟宮	與母親或女性姊妹有爭執。
夫妻宮	與另一半有爭執。如果單身，則須注意工作職場的桃色糾紛。
子女宮	破財，有桃色糾紛。
財帛宮	睡眠不佳，心思焦慮，破財。
疾厄宮	腎、泌尿系統，或眼睛出問題，女性須注意婦科問題。

遷移宮	心思焦慮與異性問題。
僕役宮	與女性友人有爭執，與朋友發生曖昧。
官祿宮	女性與職場女性有紛爭，男性要注意感情問題。
田宅宮	與家中女性有爭吵，破財。
福德宮	心思焦慮難眠，投資破財。
父母宮	眼睛與泌尿問題，關心父親卻得不到回應。

廉貞星

命宮	人際關係問題，與天相同宮需要注意有法律問題；與破軍、貪狼同宮則跟異性關係容易有狀況。
兄弟宮	與自己的兄弟姊妹跟朋友關係有問題。
夫妻宮	如果單身，易有桃花問題；有伴侶的人則容易與伴侶因為自己在外的人際關係發生紛爭。如果從事業務工作，則容易有桃花問題。
子女宮	破財，居住環境狀況讓自己心神不安，易招來爛桃花。

財帛宮	心神不安，精神出狀況，為人際關係破財。
疾厄宮	精神方面與心血管問題，官非。
遷移宮	人際關係與官非。
僕役宮	與朋友有桃色糾紛，人際關係中易與朋友有法律問題。
官祿宮	職場人際關係問題，與天相、貪狼、破軍同宮，會有職場桃色糾紛。
田宅宮	如果煞、忌很多，會有家庭肢體衝突與暴力問題。破財，家中電器易損壞。
福德宮	精神與財務狀況不佳。破財，睡眠品質不好。
父母宮	官非，精神不佳，與父親關係出狀況。

巨門星

命宮	口舌是非，牙齒與支氣管出狀況，內心覺得不安。
兄弟宮	與兄弟母親會有口舌是非。
夫妻宮	有對象者與情人有感情是非，單身者內心空虛，工作職場會有口舌問題。

子女宮	出門旅遊運不佳，外出與人有紛爭。若與天機同宮或對拱，容易有交通問題。
財帛宮	破財。
疾厄宮	牙齒與支氣管出狀況，官非。
遷移宮	與天機同宮或對拱，外出有交通狀況，與人容易有口舌糾紛。
僕役宮	與朋友有口舌糾紛。
官祿宮	工作職場上內心不安，與人有衝突。
田宅宮	破財，與家人有口舌是非。
福德宮	破財，內心不安。
父母宮	與父親爭吵，心情低落，感冒。

天機星

命宮	想太多，思慮擔憂，不安，四肢容易受傷，對宮是天梁，脊椎狀況容易不好。
兄弟宮	與男性兄弟有紛爭，男性兄弟受傷，身體不佳；無兄弟的人則與男性朋友起紛爭，或是父母感情出問題。

夫妻宮	感情出現問題，對面是巨門的會有口舌紛爭；對面是天梁、太陰，感情容易有變動；單身者需要注意工作出差，以及工作上與他人的口舌紛爭。
子女宮	破財，外出需要注意身體受傷。
財帛宮	投資破財，精神狀況不佳。
疾厄宮	四肢骨頭受傷，對面是天梁，需要小心脊椎。
遷移宮	四肢骨頭容易受傷，出門旅遊會不如預期，易迷路。
僕役宮	與朋友產生意見紛爭，朋友圈變換。
官祿宮	出差，工作變換，與工作場合的夥伴產生糾紛，工作計畫有所變動，工作傷害。
田宅宮	搬家，居家環境變動，在家中骨頭受傷，破財。
福德宮	精神不佳，睡眠不好，破財，心神不安。
父母宮	與父親關係不佳，四肢骨頭出問題，父親身體四肢出狀況，父親睡眠精神不佳。

文曲星

命宮	心思煩憂，想東想西，睡眠品質不好。
兄弟宮	與兄弟姊妹或母親或朋友有情緒上的問題。
夫妻宮	與感情對象有情緒問題，或是感情出狀況。單身者則要憂心工作問題。
子女宮	破財或是與子女關係有情緒問題，夫妻、情侶間有性生活問題。
財帛宮	破財，情緒精神出狀況。
疾厄宮	心思情緒問題。
遷移宮	內心憂慮，命宮、遷移宮如果是桃花星，有感情問題，易有爛桃花。
僕役宮	與朋友有感情與情緒問題。
官祿宮	職場爛桃花，感情問題，工作情緒不佳。
田宅宮	破財，家中植物容易枯萎，與家人有情緒問題。
福德宮	精神不佳影響財務，睡眠不佳。
父母宮	與父親有情緒問題，自己精神不佳，思慮不安。

天相星

命宮	人際關係出狀況，官非，容易有罰單。
兄弟宮	因為罰單破財，與兄弟姊妹有紛爭。
夫妻宮	與異性關係出問題，工作職場關係，爛桃花。
子女宮	合夥關係出問題，夫妻、情侶性生活不佳。
財帛宮	與人財務合約出問題，尤其需要注意跟武曲同宮或對宮，容易有錢財糾紛。
疾厄宮	循環系統，筋脈有狀況。
遷移宮	容易有罰單，官非問題，人際關係有紛爭。
僕役宮	與朋友有紛爭，小人，財務出問題。
官祿宮	職場關係出問題，官非罰單，爛桃花。
田宅宮	合夥易產生糾紛，與家人關係有紛爭。
福德宮	投資理財出問題，與人有財務糾紛。
父母宮	官非罰單，筋脈出狀況，免疫系統循環不佳。

文昌星

命宮	思慮煩悶，有官非問題，與人約定、合約出狀況。
兄弟宮	做生意者有現金票據問題，與兄弟之間有嫌隙。
夫妻宮	與另一半有紛爭，單身者對於感情有許多顧忌，工作上需注意合約問題。
子女宮	注意與人合夥與合作約定，外出有罰單問題，破財，與鄰居有糾紛。
財帛宮	破財，有合約或票據類的財務問題。
疾厄宮	精神煩悶，神經方面問題。
遷移宮	官非、罰單、人際關係產生的焦慮不安。
僕役宮	與朋友有合約或是約定反悔的問題。
官祿宮	工作上的合約問題。
田宅宮	破財、罰單、與家人的糾紛。
福德宮	精神煩躁，有票據合約等財務問題。
父母宮	精神煩躁，神經方面的問題，官非，與父親容易溝通不良。

武曲星

命宮	覺得自己財務有問題，個性剛硬，皮膚與肺有問題。
兄弟宮	與兄弟姊妹或母親有錢財的紛爭，觀念的差異。
夫妻宮	與另一半因為錢財觀念起爭執，或在工作上有財務糾紛。
子女宮	破財，須注意合夥與合作關係。
財帛宮	破財，有理財問題。
疾厄宮	皮膚，肺，喉嚨有問題，與天相同宮或對宮，有官非問題。
遷移宮	因為財務觀念與周圍人際有紛爭。
僕役宮	與朋友有財務問題，尤其是與破軍或天相同宮。
官祿宮	工作上覺得付出多報償少，如從事業務工作或自行創業，會有財務問題。
田宅宮	破財，注意合夥與合作關係。
福德宮	破財，與人有財務紛爭。
父母宮	肺，喉嚨，皮膚有問題，與父親易因為財務觀念而起紛爭。

貪狼星

命宮	異性糾紛，覺得自己的慾望無法得到滿足。跟廉貞同宮，有人際關係問題。
兄弟宮	與兄弟姊妹發生人際關係糾紛，煞、忌三個以上，又有其他桃花星在裡面，父母感情易出問題。
夫妻宮	單身者需注意桃花問題，或是在工作上對外有人際關係問題。身邊有戀情者，需注意爛桃花出現。
子女宮	破財，要注意合作合夥關係。
財帛宮	破財，要注意與異性的關係。
疾厄宮	睡眠有問題，肝腎需要注意。
遷移宮	在外人際關係須注意，尤其與異性的關係。
僕役宮	與異性朋友的人際關係需要注意。
官祿宮	工作上有異性關係問題，對工作不滿意。
田宅宮	合夥與合作關係需要注意，破財，與家人易發生紛爭。
福德宮	破財，精神狀況不佳。
父母宮	與父親關係有紛爭，睡眠品質不佳。

以上是簡單列出各個星曜化忌在各宮位可能的跡象，因為風水通常會影響事件的發生，所以這些解釋通常是用在流年、流月，當然實際的情況還需要考慮三方四正，以及流年疊併的宮位，細節上可以因為對於星曜的理解更加深入，這裡只是做個整理跟描述，提供初學者一個簡單的解釋。如果剛開始不熟練，可以單純地用化忌來對應宮位就好。例如財帛宮化忌，可以先想成是財務狀況。慢慢地，隨著對星曜的理解加深，再加上星曜的解釋。

利用前面說的方式，我們可以知道命盤上給予現實上的風水問題，以及對於我們的影響。透過命盤可以知道自己喜歡怎樣的居住環境，也可以知道現在風水對我們的影響。但是知道了田宅宮問題後，除了搬家，或是不要住在不適合自己的房間之外，是不是還有其他方式呢？既然田宅宮在命盤上代表實際生活的風水狀況，命盤也承擔了描述自身能力對於環境的互動影響力的功能，當然就要多利用命盤，才能知道自己適合什麼樣的風水。除了從命盤上調整，也該知道實際的風水學，如何分辨現實生活中的好風水和不好的風水，並且知道如何從實際生活做調整。畢竟風水隨時在變動，總不能一直換房子，或乾脆找輛旅行車隨時當遊牧民族，看到環境變動，風水不對時，就帶著家開走吧！以下就介紹真實生活中的風水學技巧，讓我們可以用最簡單的方式，為自己的居家做風水的調整。

第四章

不用羅盤
快速學風水

1.

傳統風水到底是什麼？

前言曾提到，所謂風水其實就是一種因為生活所需而發展出來的空間學，起源於遠古時代的人類需要尋求好的生活環境，畢竟那是一個野獸環伺的年代，隨時隨地要面對有頭睡覺、無頭起床的困境（性命堪憂啊……）。而後發展下去，成了部落間行軍作戰的技術。在冷兵器的年代，大家的武器能量差異不大，人夠不夠多、人擺得對不對，就成了重要的決戰技巧，能對付野獸當然就可以對付人類，所以空間學的應用為了生存發展，來到戰場之上，但是人不會天天打仗，於是這個學問又慢慢發展回單純的居家生活。只是這個時候討論的是生活品質，以及因為好的生活產生的精神狀態。因為不是戰爭年代，各類型的人際關係跟政治鬥爭取代戰爭，好的精神狀態就會成為這個人在社會上、職場上，甚至政壇上的決勝關鍵。因此，風水學發展到成熟時期，其實說的就是一整套很完善的居住空間學，並且依照這套學問可以知道你出了什麼問題。舉例來說，你在潮濕的山邊住個一年，說你可能支氣管不好，容易有皮膚問題，這樣的機率相當高。由此可知一切的預測學問、推理學問，背後都有深厚的原理，但是絕對不是神神祕祕的原理，更不是某個仙人所傳授，其實就只是前人對於生活世面的智慧累積。因此，風水學不是華人世界才有，只是華人世界因為政治與文化因素，所以特別形成一個專有的體系在發展，也因此所謂傳統風水學，說的就是生活在古代東亞大陸的人，根據自己的文化跟生活環境所發展出來，對於居住空間有用的邏輯。

由此可知，無論是哪一種風水流派，都是從最基本的居住環境適合自己、住起來舒服為根本，也就是從居住環境周圍的地形地物狀況，來了解自己居住其中是否得到保護。保護又不能是完全閉鎖，還要可以自由行動，並且顧及日常起居生活是否舒適，例如古代因為科技不發達，廚房都是利用柴火來生火，油煙很大，通常廚房都設在遠離居家的地方，因此才有現在所謂

「開門不能見灶」的說法，打開大門不能看到廚房的概念。如果打開大門就能看到廚房，表示家徒四壁，才會不得已把廚房放在家中或是後門，這個家小得可以看到後門，窮就算了，連遮風避雨的功能都不太好，這樣住在裡面怎麼會舒服。然而，我們必須知道的是原理，而不只是背誦口訣，這跟學習命理一樣，需要知道背後的原理，才能靈活應用，否則現在許多人的住宅環境很小，但是因為廚房設備科技發達，烹飪的地方跟客廳、餐廳可能連成一個區塊，甚至很多豪宅都直接做個中島當廚房放在房子中間，難道這些都要面對風水不好的問題嗎？古代風水上顧忌的事情，在現代來說其實已經沒有關係了，所以，我們要用風水的基本原理，理解風水上設定的條件，才不會被古書蒙蔽。如同紫微斗數某些星曜組合會被說得非常不堪，但原因只不過是古人不喜歡這一類的人。例如破軍跟文昌放在一起，會說貧苦一生，紫微天相同宮，說是背骨造反的人。其實這類人在現今這個年代可能是藝術家或創業家，這類人在古代是上不了檯面的，書上才會說得不堪，風水也是如此。

因此，風水最早有系統出現，就是討論生活周圍的山川地理環境對於我們的影響，這一類可以稱為「形家」。例如一條河流或馬路直直往我們的居住地衝過來，都會讓居住者每天感到不安。在治水能力不佳的古代，隨時要擔心若下起大雨，住家就會被大水沖倒；或是有失控的馬匹衝過來（馬路當然是給馬跑的，問題是馬不是汽車，人的控制能力遠遠不如對汽車的控制），這樣的概念現在也廣為人知，這就是地形環境對居家的影響學說。當然比起前面所說在家裡安置廚房來說，在現代還是頗有影響。即使現代汽車的操控能力比較好，但我們還是不希望看到車水馬龍一直往自己家中來吧！隨著時代的演變，對於學問跟能力實現的追求會逼著人發展更多技巧，因此從「形家」開始，又陸續發展出重視居家內部環境擺設布置以及空間調配的「理家」，用整理跟調理內部空間來解決外部空間的問題。畢竟很多時候我們無法挑選外部的居住空間，無論是古代的居住環境四周的山川自然景物難以改變，或是現在的高樓都市叢林，外界隨時都在改變，你都無法阻止。當外界環境無法由自己控制的時候，就開始發展對於內部空間的調整。還有一種主要的理論是，整個地球環境、天地之間有一股無形的力量在主導，這樣的觀念瀰漫在古時候各個學說之中，命理、醫學都有。這樣的觀念在風水上就發展成所謂整體地理煞氣的學說，整個環境地理會依照時間的不同而有不同的磁場轉換，所謂「五黃煞」是可以依照時間去推算每年的煞氣所在，每一百八十年會有一個周期變換，就是這個理論學說下的發展。這些基本觀念結合傳統華人文化的五行觀念與陰陽學說，借用易經作為符號代碼，將這主要三種學說的觀念組合起來，就成了古老的風水基礎。在這個基礎上，再依照各個流派的前人自身經驗與所學，發展各類型的風水流派，借用天象概念的九星，最近這十多年流行的，依照空間中各場域之間各自會有的磁場能量流動三元納氣，則透過改變空間、引導磁場能量走到我們需要的地方，乘旺自己所需要的事。各式各樣的發展，最基本的邏輯都不脫前面說的那三種基本原理。各式各樣的情況，包含利用羅盤尋找方位跟磁場，或是利用各類物件擺設去影響現場的五行變化（其實還是從磁場能量的觀點去改變），又或是將各個方位做歸類，方便辨認吉凶好壞的方式，其實都不脫前面說到的三種基本方式。而目前的主流通常是將三種組合起來，因為這三種模式各有優缺點與不足，並且依照各流派的觀念方法發展出尋找好風水，以及改善風水的方式。

本書的目的是讓一般人可以立即上手改善狀況，如同筆者的每一本書都是希望深入淺出地讓人透過理解原理，可以馬上使用。既然所有風水流派的基礎都在這三者，我們就以最原始的基本風水邏輯，將現代風水透過可以自行應用的一些方法，並且利用這些原理，搭配前面所說的命盤解讀，簡單利用生活周遭隨手可得的事物來改善風水。後續將以風水上外界環境對我們最基本的影響，也就是「形家」的基本邏輯為主軸，搭配適合現代人可以馬上應用的方式，介紹現實生活中風水的改變與改運方法，當然這一切都必須建立在對於自己命盤的理解上。

2.

形家風水基本邏輯跟觀念

一開始的風水學是最原始的居住安全空間觀念，而在那麼古早的年代是沒有羅盤的，因此，這個最原始的風水觀念所流傳下來，並且以此建構出後面各流派風水基礎的「形家」風水，基本上也不需要使用羅盤。當然現代風水學家基本上都會用羅盤，如同前面所説，目前的風水學流派通常是總和各家所長，不是單純的某一流派，希望達到兼容並蓄。但是既然風水學一開始的發展基礎就是對於地形地物的觀察，因此在很多時候，羅盤的利用其實不那麼需要，這剛好符合現代人的應用方便，以及初學者快速上手的特質。

最原始的風水起源觀念，是地形地物造成的「環境對自己的影響」，所以會有一些基本設定，就像斗數基本是由宮位跟星曜建構起來，風水上要看的是地形地物的變化。談地形地物之前，我們需要先知道自己位處什麼位置，才能分辨周圍環境對我們的影響。就像同樣一棟高樓，我們從它的正面看、側面看、遠看跟近看，其實視覺都會不一樣。以台灣最高樓一〇一大樓來說，站在樓下大門口可能會覺得是一棟很大的建築物，甚至有壓迫感；如果從很遠處的地方觀看，卻是一棟挺立高傲的筆直建築物，所以我們必須先知道自己所在位置，才能了解周圍環境對應我們的關係是如何？如同命理學上，同樣一個人對你花心、對另一個人卻專情，這個人說不結婚的意思往往只是不跟你結婚，所以要很清楚自己的位置在哪裡，位置放得不對，一切都是不對的。

如何知道自己的位置在哪裡呢？風水學上有個專有名詞叫作「立太極」，紫微斗數上也借用這個名詞，說的就是確定好自己站立的地方，才能知道自己的環境是什麼？自己是什麼？就風水來說，因為對應的是周圍環境，所以立太極的重點就是確立方位，確定自己的前、後、左、右四個方位，才能知道自己周圍的環境，可以讓大家知道，我家門前有小河，後面有山坡，左邊有豬圈，右邊有市場……，這就是所謂立太極，確定自己的前後左右。如果我的右邊是你的前面，就變成我家右邊有小河，所以同樣的一條河，對你、我造成的感受卻不同。這是風水學最基本的結構，加上古人習慣性地喜歡給予一些看起來厲害、別人卻又不見得看得懂的名詞，所以就給了這個前後左右四個方位四個名詞「朱雀、玄武、青龍、白虎」，並且以一個建築物的大門為基準，大門看出去的方向就是建築物的前面，也就是朱雀位，依此類推，大門的另一面通常是建築物的後面，就是玄武位，左邊是青龍位，右邊是白虎位。

圖三十／
朱雀玄武青龍白虎位置

這就是風水的基本架構。在這個架構中，給予各方位許多含意設定，如同紫微斗數十二宮代表了許多含意，這幾個方位也有自己的含意，例如門前的朱雀位，就代表了前程、子孫、來客、現金、弟子等等，如果前方的環境不優，有各種讓我們一打開門就感到不開心的地形、地物，或者是場所，例如打開門就有一條大馬路衝過來，在古代便要擔心有人騎到瘋馬，現代則要擔心有人亂開車，這是大家耳熟能詳的「路沖」，表示這個風水會影響你的前程或子孫，就像有各種煞星在宮位內，就會影響那個宮位。依此類推，我們可以知道這個房子就風水上來看，什麼地方會出現問題，影響什麼事情。

把方位想成宮位，把環境形成的各類影響想成宮位內星曜，什麼樣的煞星影響怎樣的宮位，或是怎樣的環境讓相對應的方位很不錯，跟著就直接影響建築物裡面的人，這是風水的基本原理跟邏輯。剩下的只是如同學習命理，了解這些古人規劃好的各種環境狀況，並且做出好的分析，如同路沖的問題是怕人衝進來影響居家安寧，但是開門後希望能有滿滿人潮的生意商家就不怕。這樣我們就可以根據風水的基本邏輯做出分析跟判斷。

所謂「形家」，簡單來說，就是利用這些結構，以自己所在位置的四個方位去探索周遭，並且融合現實生活中的文化，看出環境對我們心理上產生的影響。例如我們通常都會希望房子前面的朱雀位置可以開闊，如果家裡夠大，甚至希望有座水池，這座水池稱為「風水池」，可能是挖開地面、可能是放一個水缸。許多人以為這是為了防火，然而其實這樣做遠水救不了近火。這座水池的主要目的是調節空氣中的濕度。大陸型氣候相當乾燥，水池可以讓居住環境保持較佳濕度，全世界主要的文明古國都有這樣的作法。所以風水學並非華人獨有，只是其他民族沒有專門系統化成為一門學問。而這樣的論法就是結合生活習性的智慧，考慮環境對我們是否有實際的變化，將這樣的基本觀念逐步透過歷史演進，慢慢複雜化，讓這套學術可以面對各類問題。

那麼你可能想問，到底怎樣才算是煞？怎樣的風水池才夠大？方位又該怎麼看？現代都市人居住的環境，家門打開後很可能是對面那戶人家的臭鞋櫃，這樣的朱雀位不是很差嗎？這許多的問題通常都是因為古今的不同所產生，這一切的疑惑也都可以從理解風水的基本原理後得到解答，如果連基礎都是錯的，那怎麼改都不對，就像把紫微斗數命盤上的兄弟宮當成夫妻宮來討論一樣。

1. 方位如此重要，看錯讓人痛苦得不要不要，到底該如何確立方位？

前面提到，一間房子最基本的方位確認，就是以大門前方為前面，再確立出這個建築物的前後左右。但是現在很多人住在大樓裡，自家的大門一打開就是對面人家的門或是電梯，甚至是走道或牆壁，那麼朱雀位還是這個位置嗎？當然不是。我們要思考的是，風水說的是空間跟人的關係，而且空間彼此之間會產生影響，所以人會跟空間產生關係的有兩個部分：一個是在空間內，空間的格局對自己的影響，這是前面提到「理家」討論的部分，而「形家」說的是環境跟這個居住空間的整體關係，所以討論的是大的空間（大環境）與小的空間（自己的居住環境）彼此的影響（圖三十一）。

圖三十一／環境與居住空間的關係

因此，我們可以說這是兩個空間之間彼此能量的轉換跟流通。說得更簡單一點，就是你從屋子裡面往外面看出去的心情感受，也就是在屋子裡面如何感受外面環境對你的影響。如果你住在大樓，對於屋外的感受絕對不會來自於你家那道小小的大門。在古代，大門打開就是屋外，現在比較可能是打開陽台才能感受到屋外，因此在這個年代，朱雀的位置比較可能打開陽台後看到的戶外風景。那麼，是不是一定就是陽台呢？其實就是家中對外最大的一個洞，這是可以最直接感受戶外對我們影響的地方。但是以現在環境來說，其實不只是如此，風水上不會只影響你們那一家，如果你住在一個大樓內，影響的就是整棟大樓，而整棟大樓的門戶進出，就是看大門的方向。所以就大樓來說，朱雀位就是大門；但是就你家來說，朱雀位應該是住家對外最大的那個洞，可能是門、可能是窗、可能是陽台。

2. 現代風水的立體綜合應用

看完上述，有些人可能會納悶，這樣一來豈不是一個家有兩個朱雀位了嗎？沒錯，當我們進入立體的時代，風水不再只是放在平面上討論，甚至現代風水都會討論到，大樓裡面的水管管路對住戶的影響，我們可不可以將水管當成風水上常說水的方向往來呢？這是比較複雜的問題。單純就方位來說，如果從紫微斗數的各種命盤角度來看，就比較容易理解。

紫微斗數會利用一個人的時間，設定出各種運限命盤，有十年為期的大限命盤，一年為期的小限或流年命盤。通常的理解就是大限可以被視為一種大環境，你在大環境中很好，即使小限、流年環境不佳，也只會那麼一年，影響不會太大。反之，大環境很差，小限、流年再好也有限。就像有人被倒了債，需要十年才能還清，其中有一年生意不錯，也僅止於那一年而已。風水上從整體的建築物到自己住家之間的彼此影響，也可以用這個角度去理解。整體建築物的運勢狀況會影響居家，自己的居家也可以做點小改變，去修正整體建築物不佳之處。同樣的，如果居家太差，但整體建築物很好，也可以減少問題。所以說，有兩個方位可以讓我們做綜合考量。這時候可能就有人要問了，他的住家不只是大樓，而是整個社區，整個社區有自己的大門，其中還分了五棟大樓，每棟大樓的門都不一樣，大樓裡面居家的陽台也不一樣，該怎麼辦呢？這時候就有三個方位可以考量，並且依照空間大小去調整跟分析彼此的影響力，訂出自己的四個方位。

3. 空間量體的大小，展現影響力的大小，夠胖才夠有力

在確立好方位的影響力之後，另一個重要的觀點就是大小。基本上，越大的力量越大，占據的空間大，體積夠，就比較有影響力。這個道理很好理解，一個陌生的聚會中，總是很容易先看到胖子，無論那是個歡樂的胖子還是憂鬱的胖子，都會很容易先感受到他。因為在你的眼中，他占了很大的比例，讓人無法忽視，所以馬上就能給你心理上的影響跟感受，換一個比較奇幻的說法，就是他散發了龐大的能量，至少那份能量比別人多，除了帥跟美，沒有人的能量可以超過胖。而風水講究的是對我們心理層面以及潛意識的影響力，因此在風水上也是如此。空間之間的大小會彼此拉扯跟影響，這也是為何從風水上來說，在自己房間或辦公桌上擺個什麼小東西，其實裝飾品跟自我安慰的成分比較大，真正發揮實際的作用是不夠的。

以此類推，就可以知道為何前面提及，以房子來說，整個建築物群的整體能量是被綁在一起的，整個社區會有自己的方位，社區內的建築物會有自己的方位，而建築物中的房子也會有自己的方位。因為大的空間、整體性的空間會具備最大的影響力，因此，真正會受到房子風水影響的，是住在最大房間的人。以現代的建築來說，通常是所謂的主臥室，就是房間內有廁所的

主臥室，因為比較舒適方便，所以通常是房子的戶長或主人居住，大家也往往會因此認為套房最受房子影響，其實不見得，而是應該以空間的大小來論斷，住在最大房間的人會受到房子的風水影響最大，無論好或壞。相對來說，如果這個人的運氣好，也應該讓他住在最大的房間，就可以讓他自己的運勢對應外在的風水。由此可知在辦公桌上放個小東西用處不大的原因了。

曾上過筆者課程的人都會聽過一個故事，筆者初期開課的教室，旁邊巷子內有家公司，老闆年輕，不到四十歲擁有三輛名車，以及數位美麗的女友，這些女友還知道彼此的存在，並且在同一間公司一起幫他賺錢，堪稱男性人生勝利組，無論女性認不認同。這間公司很奇妙，算是位處寸土寸金的地段，卻在一樓的店面放了快要兩坪大的風水池，足足占去公司十分之一的空間，更別說風水池旁一般都無法作為什麼用途，所以他的風水池邊就是一塊大約三坪的員工休憩地，擺張桌子讓大家在那裡抽菸，這一來一往之間，占去了快六坪的位置，以台北市寸土寸金的狀況來說堪稱大手筆。筆者每次路過都會想，這一定是公司的老闆篤信風水，並且找到很厲害的風水老師，否則就算是風水老師的建議，有誰會真的去放一座這麼大的風水池呢？心裡一定會掙扎許久的，但是這樣做確實很有功效。可想而知，要對環境產生作用的各種調整，都需要具備一定程度的空間份量，而且這份量通常需要占整體空間至少百分之三以上。以前面的案例來看，他占用了將近百分之十這樣的空間比例，改變才有成效。當然這還要搭配個人命格，那座風水池讓他招來許多桃花，老闆利用個人的男性魅力，讓許多女人為他賺錢，雖然風水上給了他如此的資源。但如果他本身的命格就無法控制這些女人，或者說他個性軟爛，這些異性可能就變成了爛桃花。正常男人光是腳踏兩條船，兩腿就會因為被兩條船拉開，快要產生撕裂傷了，更何況是一次來好幾個，還可以為他賺錢拚命，根本是艦隊艦長等級的領導統御能力。因此，風水的應用需要搭配命格，否則只是一場災難，別人適用的風水不見得適合你。

這也是筆者長期呼籲，希望運勢好一點的人，最好不要居住在現今都市中很流行的分隔式小套房、一人一間、沒有客廳，這在都市很常見。大家為了工作跟交通方便，選擇讓自己窩在一個小房間裡，但是這樣的居住環境，輕則完全沒有利用風水改善自己的機會，重則因為居住環境很糟，造成風水很差。在經濟狀況不允許的時候，寧願住遠一點，用通車的時間、空間來換取居住環境，好的居住環境會讓人的整體氣運能量都變好，日子一久，自然而然運勢就會變好，這是最基本的風水概念應用。脫離這樣的主要觀念，擺放各種東西或是怎麼做風水上的調整，其實都是枉然。

3.

方位的涵義，人生的方向

常聽到風水中有「坐什麼朝什麼」的用語，所謂「朝」就是你面向哪裡的意思，「坐」當然就是背靠的方位，所以坐東朝西，就是面對西方，也就是打開大門看出去是西方（圖三十二）。

這個方位的應用除了所謂坐東向西不適合開店，因為開店會遇到夕照，讓客人不舒服之外，大部分的技巧需要對照羅盤使用。這裡要說的是不用羅盤的技巧，「坐」跟「向」會對應的是前文提到的前後左右，也就是前朱雀、後玄武、左青龍、右白虎（圖三十三）。而這四個方位有各自代表的含意。

圖三十二／ 坐東朝西圖

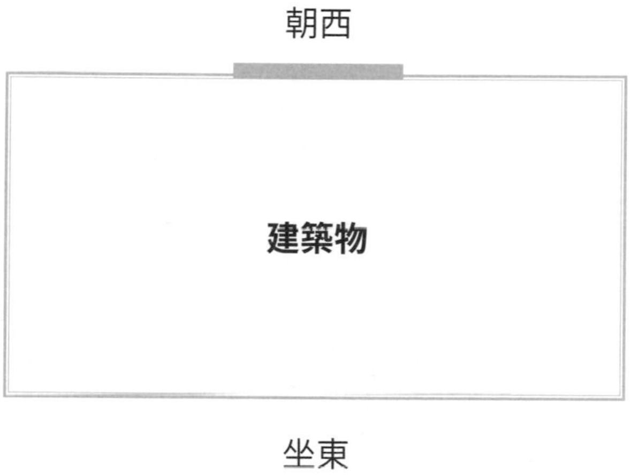

圖三十三／ 方位圖

朱雀位

子孫，長女，來訪的賓客，下屬，個人的前途發展，遠景，心中的目標，慾望與對外的人際關係跟性格表現，雙腳，泌尿系統，心血管系統。以紫微斗數來說，就像命盤的遷移宮跟子女宮，還有一部分的官祿宮。

玄武位

長輩，財庫，家世背景，家族依靠，上司，腦神經，思慮、睡眠，頭部，心靈的穩定與福分，生殖能力，腎跟中樞神經。以紫微斗數來說，就像是福德宮跟田宅宮。

青龍位

男性，理性的個性思考與思慮，工作能力與工作機會，事業的發展，左半邊身體，肝臟與循環系統，四肢經脈。以紫微斗數來說，對應的是官祿宮與夫妻宮，還有一部分的遷移宮。

白虎位

女性，感性、個性、情緒與衝動，業務能力跟財運，創意跟夢想的追求，右半邊身體，肺部以及心理情緒問題。對應紫微斗數的宮位，可以想成夫妻宮，遷移宮，福德宮，財帛宮。

以上是各個方位基本的概念，當然風水上也喜歡用八卦來對應八個方位，並且各自有其代表的含意，但是不脫於這四個方位的基礎來開展。在使用這些方位的時候，如果學過紫微斗數，就可以應用紫微斗數中原本就有的宮位概念去聯想，例如朱雀位代表前程跟子孫，住在屋子裡，透過前面所教的方式找到朱雀位後，依照朱雀位也就是房子的大門或通常是居家陽台的正前方，我們所看到的景象，就可以解析出這一家人（主要是住在大房間的戶長），他對自己前程的看法，以及會遇到的困境或好運。朱雀位中有賓客的意思，會是代表賓客的狀況嗎？這就要用到我們常提及命理學中所謂實質影響力的概念。如果是自己的住家，而且我很愛靜，不愛找朋友來家中，賓客很少，當然無法代表賓客。但如果這是一間公司，或是做生意的門店，就可以用這個位置看看往來的賓客。所以，我們需要對應空間的不同而有不同的解釋。

同樣地，如果這個家中沒有子女，也就是這個家的主人沒有子女，是自己居住，那麼朱雀位對應子女的解釋就不存在。例如某人跟父母同住，父母住孝親房，他住在主臥室，同時也是房子中最大的一間房間，但是他沒有子女，而且在家中他是主要經濟來源，也擁有家中主導權，那麼朱雀位就不會對應他的子女。這時候他代表的是青龍位。但是如果他的父親還是掌握了經濟，這時朱雀位的子女就可能是他。所以實際在使用上，我們需要對應這個空間所代表的意義，再去對應方位所代表的意義。如果是公司，當然會是客戶，而且對應的是老闆的命格，若自己是公司最低階的人員，當然下屬這個解釋就跟你沒關係了。因為你自己正是那個下屬。

所以，雖然各方位各自代表很多意思，但是透過房子本身的用途是住家、辦公場所，還是門市店面的營業場所，以及在那個空間中室內的人彼此的關係，就可以對應出在方位上該有的解釋。

還有一個重要的概念，朱雀位原則上應該要寬廣遼闊，表示前程海闊天空，但是任何命理上的事情都是一種相對比較，不是絕對值，所以如果要海闊天空，大家都去住海景第一排不是更好嗎？那個海要多闊就有多闊，天要多空就有多空。但是那樣其實是不對的。首先，所謂前程，必須是前方看得到東西，走在沙漠裡看到綠洲在前方，一切的辛苦感覺都將得到回報，但如果只看到一片沙漠，就會有前途茫茫的感覺了。反過來說，如果是退休老人，已經不需要再追求前程，前面的那一片不論是海或沙漠，對他來講可能都是前無罣礙，心無旁騖而寧靜自在。筆者曾有個學生搬到郊外居住在獨棟的別墅，前方是一大片草坪跟一座水塘，自從搬進去之後，就對事業不再有旺盛企圖心，只想好好過日子。這樣的想法不能說不對，但是對於四十歲的年輕人來說就可惜了。所以，風水上對應每個人的情況跟解釋也會不同。這樣的思考邏輯理路，讓各類命理學有了非常靈活的應用觀念，讓無論是風水或命理都非常靈活，只可惜我們常常都是用死背的方式念書，往往無法理解其中的靈活變化，最後對於風水或命理就淪於用媒體上看到的簡單幾句話，去對應所有的事情，當然就沒有效果了。

所以我們可以知道，周圍環境對我們居住地的影響，其實是透過各方位所代表的意思去對應，這個邏輯當然也來自於人的生活環境。試想一下，前方的朱雀位當然是我們出門第一眼看到的景象，第一步會遇到的狀況；後方的玄武位，是我們在家睡覺的時候，會不會感覺安穩，一開始我們說到在古代原始人時期就開始有風水的利用，因為那是對於居家環境的要求，在那個年代，這一點尤其重要，免得有頭睡覺、沒頭起床，自己被野獸咬走，或者早上醒來發現老婆不見了，不是跑去爬牆外遇，而是被野獸拖走了。這就能知道為何原始人選擇穴居，因為住在洞穴裡，至少出入只靠一個洞口，只要守護好前面的朱雀位，後面是整座山壁，保證不會有外人或野獸入侵，這是多有安全感的事。而前面的洞穴口為何不能是寬廣一片？因為這樣一來，誰都可以進來你家也不太好，最好有座樹林或河流阻擋一下，但是又不能離你太近，最好你還可以比樹林高一點，這樣樹林裡的動物無法直接到你家串門子，河水最好是蜿蜒流向你，這樣出門捕魚方便，若是遇到大洪水也不怕會直接沖到你家，因此最後就演變成風水的水代表了往來的能量跟磁場，必須可以順利安穩地給你水，大的河流會阻隔你往外走，也會阻隔外面的野獸過來找你，而成為所謂界水而止的概念，水能帶來能量跟磁場，也可以擋住不好的磁場跟能量。這些其實最早都是透過古人的生活小常識累積而來，逐步演變成風水學上的專有名詞。那片離我們有點距離而且在我們視線之下的樹林，或者高地或者岩石，剛好阻擋了門前來襲的動物或敵人，讓我們可以好整以暇地看好前方，因為我們位處地勢較高，好像坐在辦公桌上看著將要衝過來找你麻煩的客人，是不是會比較有安全感跟距離感，讓你可以好好想想該怎麼應付他？這也就形成了所謂「案」的概念——前方有個比你視線矮一點又跟你有點距離，好像你坐在書桌前一樣。其實這些風水上聽起來很玄奇的條件，背後都來自於原始時代的經驗累積。

4.

好風水的第一個條件：沒有讓你不舒服的「煞」

怎樣才能算是一個好的居住環境呢？怎樣的環境對我們的方位是比較好的影響？命理學都是互相比較，沒有絕對值，所以相對於不好，所謂的好，第一個要件就是不會看到不好的。什麼是不好的？凡是會讓你感覺不舒服的都不好。單純來說，只要是會影響你的都算是，無論影響你的是當下感觸不好，例如開門見到大便，家的對面就是一座化糞池，無論有多乾淨多現代化，大概心裡都會不舒服。或是單純就心情上，例如開門看到廟，這可能見人見智，例如你是基督徒，可能不會希望打開門就面對關聖帝君；但是如果你剛好是帝君的弟子，對你而言，這可能是人生的夢想，所以必須從現實面跟心情上去討論，甚至在現代可以包含各類情況，例如門口一盞霓虹燈，每天一閃一閃亮晶晶，這也讓人不太舒服。在玄武位後腦勺的部分來盞霓紅燈可能也不太好，或者家後面是夜市，每天感受到從屋子後面傳來各類聲音，也可能有喝醉酒的人，或貓狗打翻東西，睡夢中會聽到各類奇怪聲響，這樣怎麼可能睡得好呢？因此，所謂好的風水，第一要務就是不能有不好的，而不好的就是會影響自己生活品質的，風水上稱之為「有煞」。

5.

好風水的第二個條件：水的方向

風水風水，在風水的概念中，水當然非常重要。所謂藏風納氣，說的就是讓居住環境有適當的空氣流動，不會很悶也不會太空曠，例如四面都是窗戶，整天寒風吹來陣陣冷，但是也不能空氣不流通，把不好的氣都悶在家裡，至少讓放的屁、來不及倒的垃圾，要能夠利用空氣流通，家裡才不會太臭，這樣才會有好的居住環境。所以藏風納氣並不是只把門窗關起來，讓氣都出不去。「藏」的意思是要有東西進來，你才能夠藏。「納」當然也要納進好的氣，才能增加好的能量。我們可以用各類形容去解釋氣場、磁場，但是無論用什麼形容詞，回歸到基本面，就像我們的呼吸要順暢一樣，空間的空氣流通也要順暢，並且要保持適度的乾淨跟乾濕度，這才是藏風納氣一開始的基本觀念，這樣的環境當然住起來就會舒服，住得舒服自然可以有好的思考，可以讓自己儲備好的能量。一個人若家裡每天烏煙瘴氣，另一個人家中空氣舒適讓人感覺舒服，長久下來兩個人的精神狀況當然會不同，做決定的時候也會不同，運氣當然就不一樣。更別說陰陰暗暗、空氣不流通的地方容易招陰，會有不同世界的朋友喜歡聚集了。

空氣流通了，藏風納氣為自己所用之後，還有「界水而止」。這有兩個意思，一個是壞的氣會在遇到大水（可能是湖泊，可能是大河）時被阻擋下來，對於遠方給予我們的煞，也會因為河流或湖泊，讓我們感覺到距離遙遠、跟我們沒有關係，而無法造成影響。另外一個意思是，水會為我們帶來不同的磁場跟能量。現在一般的說法是水流動的時候會產生磁場的變化，因此會阻隔不好的磁場，或者為我們帶來好的磁場，當然這是為了讓大家更容易理解風水的概念。更簡單的說，如同前面提到的，如果大水往自己家沖過來讓人害怕，那麼蜿蜒的河流流過來不僅賞心悅目，因為水流不湍急，還可以順便撈些小魚，沒事吃個河鮮、配點小酒。

水在古代其實代表著交通的概念，同時也是生命的泉源，連帶著代表生機或機會。水流甚至可以代表商機，各大文明發源地都在大河邊，就是因為大河能夠讓人群聚集，也可以產生無限商機。因此，水不只是水的含意，也不單單是所謂磁場那麼單純。拋除所謂能量跟磁場這類後人給予的解讀，其實大水本來就可以為我們帶來各類事物，而且這些最好能直接送到我們手上，若能慢慢的、穩定的送過來更好，直接沖過來是不好的，所以才有「來水不能直沖」這樣的說法，最後轉換為現在大家所知道的路沖的概念。也是因為這樣的基本原理，在現代可以用道路來代替，在古代，河水本來就是一種運輸管道，經過時代轉換，現在就變成了道路的概念，利用道路取代河水。如果現在你家附近真的有條大水溝，這樣還算不算呢？如同前面所說，風水討論的有現實層面跟心理層面，當然還有磁場能量的問題，所以居家旁如果有條大河流，當然還是可以當成水，因為從磁場能量的觀點來看，各種東西之間會有彼此的影響，而從心理層面來說，我們心情上也覺得會如此。至於水可以幫我們帶來好東西，也可以把我們好的東西帶走，所以要注意到水怎麼來。這要怎麼看呢？

根據前面所說，水不能急急沖過來，最好可以留在身邊，而且不要把我們身邊的東西帶走，無論是真的水或是現在所指的交通道路，這幾點是水的走向需要注意的，再依照前面提到的四個方位「朱雀、玄武、青龍、白虎」來看水的走向。我們可以先將居住空間的四方位畫出來（圖三十四）。

圖三十四／ 住家的四個方位

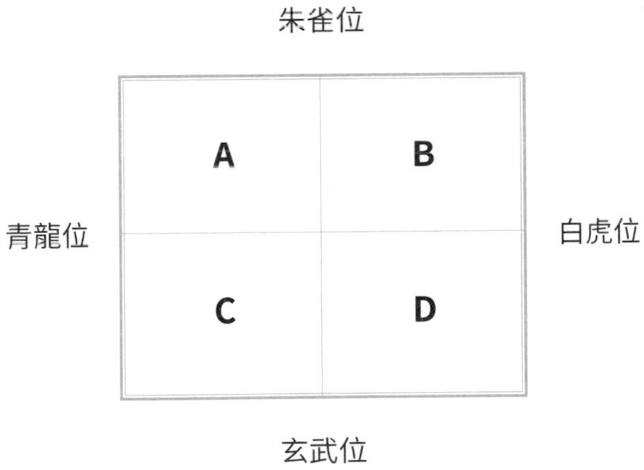

畫出四個方位後，要如圖標出十字線，才會有一個基準。這個十字線一畫，就會讓空間形成四個區塊，我們在四個區塊各自標上ＡＢＣＤ，就可以清楚知道怎樣算水被包圍，怎樣算是被水帶走了。因為在風水中會討論水是否會包圍房子，或是外界的地形是否會對建築物本體產生形式上的影響，這是常常讓人很難理解的，畢竟一般人比較少繪畫這些圖面。而風水的這些概念應用其實都需要這個十字線作為基準。

例如有條河流從左到右繞過房子，這條河從區塊Ａ進入，繞過房子從區塊Ｄ出去，區塊Ａ在左上角，區塊Ｄ在右下角，水從左上角進入，繞過四分之一個建築物從右下角出去，在左下角的地方包圍建築物，就算是包了，也就可以說這個水帶來的氣是被留下來給我們自己所用（圖三十五）。

但如果水是從左上的Ａ進來，但是很快地從左下的Ｃ出去，就不算留住水帶來的氣（圖三十六）。

圖三十五／ 水從 A 到 D

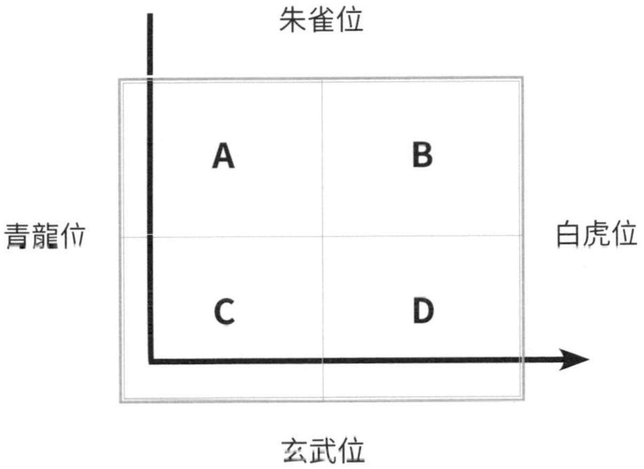

圖三十六／ 水從 A 到 C

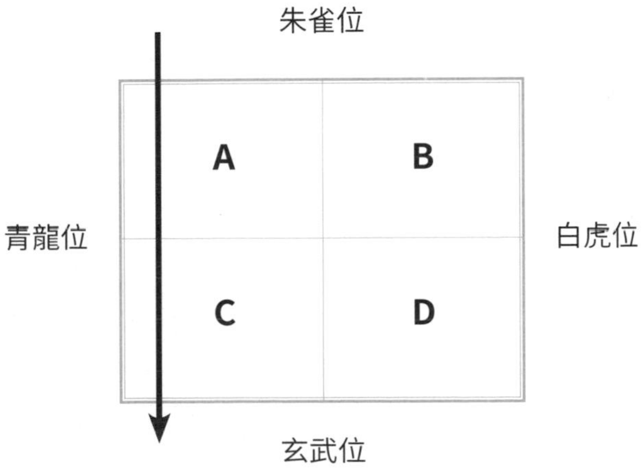

如果從A進來，從C出去，之間的角度小於100度，可以說這進來的水不但沒有為我們帶來好的能量，還把我們屋中的氣或能量帶走了（圖三十七）。

圖三十七／水從A到C夾角低於100度

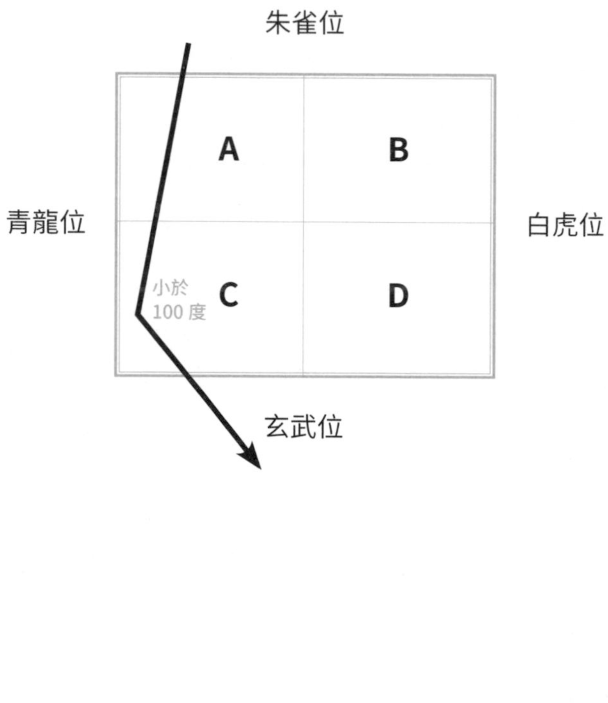

從這幾個圖可以簡單知道，在風水上來說，怎樣算是我們可以留下水帶來的能量，以及我們的能量會怎樣被水帶走。再更進一步解釋，就可以對應方位所代表的含意，例如帶進來的是給誰？如果被包覆的地方是在玄武位，當然帶來的就是長輩的力量，儲蓄的能力，旺盛的精神；如果被包覆的是白虎位，就表示風水上給予能量的是家中的女性，或是自己的業務能力，感性的能力，對事業的熱情等等，而對應的人也可以再細分如（圖三十八）：

圖三十八／ 四個方位，各方位中間在多一個方位

由此可以看出這個環境的風水為家中什麼人帶來什麼樣的變化，為誰帶來好運，又是把誰的好運帶走。

這個十字線是以建築物為中心去劃分，我們先假設建築物的大門是在正中間，但如果不是呢（很多時候都不是）？以建築物的大門或者我們居家的陽台為基準，看出去的前方為朱雀位，這是基本的架構，但如果大門不是在中間，那麼畫中線的時候，就要以大門或陽台為基準，真正的中軸線是需要用開門的中間或是陽台的中間去計算，所以不一定會正好在房子的中間，因此水來的方位跟走向也會不同（圖三十九）。

另外，就現代來說，交通要道可以當成是一種水的流向，因此要注意交通要道的走向。對華人世界來說，絕大多數都是靠右邊走，香港是靠左邊走，這樣的走勢就會不同。對台灣人來說，用自己方向走的路，對香港人來說，可能就會變成往自己走的路，因此同樣的一條路，同樣的地形，在台灣可能是水過來繞過房子留下氣，在香港可能就變成帶走氣。因此還需要注意車流的走向（圖四十、四十一）。

圖三十九

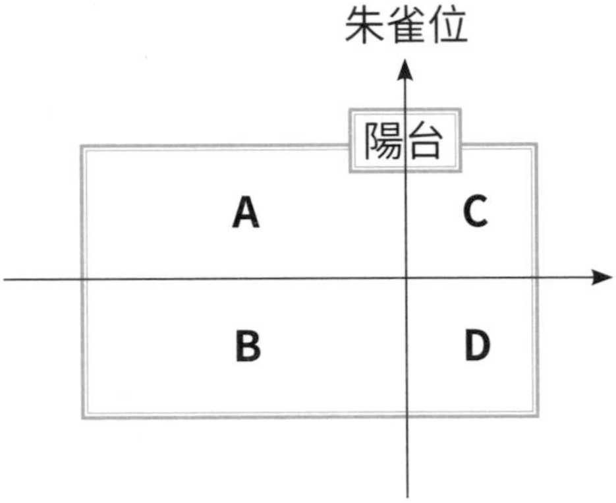

圖四十／ 進來留住

圖四十一／ 進來帶走

掌握了這幾個要點，就可以簡單分辨出居家環境好不好。風水學在現代有個很大的問題，就是古代並沒有那麼多的建築物櫛比鱗次，現在卻非常密集，因此，很多人買了風水書回去看之後，往往會一頭霧水，如果作者比較老派，整本書會充滿術語，光是研究那些術語就足以讓腦細胞死了一大半，不用風水差，心情就已經先差了。還有一個問題是對許多基礎的觀念不了解，所以感覺彼此衝突，無法確認是否正確。最後一個問題是，因為現在的房屋太密集、太多，因此生活中可以說充滿了煞、忌，學習的人容易不知所措，如同我們上課常遇到的，學生問若朱雀位對著別人家的鐵窗，而鐵窗生鏽，這樣算是有煞，但是現在很多人家裡不是都有鐵欄杆嗎？這是思考上邏輯的陷阱。首先，確實有很多人會遇到鐵欄杆，但也並非所有人都會遇到鐵欄杆，只是住在都市中的機會比較高。在朱雀位遇到鐵欄杆，會覺得小人多，事業不順，生活焦慮，仔細想想，這不就是都市人常有的問題嗎？住在鄉間的人反而不容易如此，這不是剛好驗證了風水嗎？但是我們容易陷在思考的陷阱裡，或者以為自己生活常遇到的，就表示所有的人都是如此。例如狹長型的房子如果不通風，容易聚集晦氣，這時又會有人說在某個地區的房子都是如此，難道那些房子都卡陰，聚集晦氣嗎？沒考慮到的是，房子是否有足夠的窗戶可以通風，太陽的照射是否足夠，整個地區的水流走向是否正確。這些思考上容易以偏概全的情況，都是初學者常見的問題。所以各種命理學都是一種整體全面性的分析推測學，風水當然也是，需要整體評估判斷，掌握基本的邏輯，否則滿街的各類書籍，各種所謂密傳法門，其實只是看越多越混亂而已，更別說那些所謂密傳法門，很多時候可能只是無法被科學檢驗的法門。

6.

地形地勢給我的好保護，讓我安全有力量

在介紹了四個方位各自代表的意思以及水的基本走向後，再來看看各方位最好可以遇到什麼樣的建築物，才會跟我們產生好的搭配。

1. 前方朱雀位

以前方朱雀位來說，最好是有一大塊空曠地，這在風水上稱為「明堂」，並且在明堂的後面有塊高起的物體，可以是建築物、可以是一片茂密的樹林，可以是一座山丘，總之就是視覺上看過去是一塊物體，這個物體可以稱

為「案」。案，最好是長方形，方正完整，並且從陽台或大門看出去的時候，這個物體的最頂端要在自己的水平視線以下比較好，如果在視線以上也不適合，太高。怎樣算太高呢？必須抬頭才看得到那個物體的天際線，就算太高了。因為案的意思是讓我們感覺到前方的空地為自己所有，可以氣定神閒地好像坐在桌子前面，不用擔心正前方有東西、有煞衝過來，也不用擔心空無一物，給自己一望無際的空想，會讓自己失去動力，但是案如果太高而讓我們必須抬頭才能看到這個物體的天際線，表示已經有壓迫的感覺，不能算是案了。

如果沒有這個案，至少明堂之後，也就是朱雀位的遠方，希望可以有層層疊疊綿延不絕的地形或建築物，彷彿層層的山巒，表示前方有許多秀麗的願景，當然最好不要有許多殘破的建築。如果是地形，最好可以是樹木濃密，不要是亂石斷崖。而明堂則重視是否空曠而平靜，因為空曠平靜代表一出門就有安穩的路途，對應前方的案可以讓我們神清自在，加上更遠處的層層山巒，表示有許多機會跟探索的可能以及豐富的資源。然而在現代社會中，明堂的位置已經很難有機會空曠而平靜，除非是公園或學校操場，但是公園或許還行，學校操場卻很難安靜。也有可能是停車場或一條大馬路，甚或一座大池塘、河流，這時又該如何分辨呢？

只要是一大塊空間，基本上就可以稱為明堂；如果沒有，則表示前途、前方會有比較緊迫的感覺，繁忙的空間流動，可能是車水馬龍的交通要道，讓我們感覺生活緊張，做事比較煩躁，對人對事也易心煩意亂，如果有明堂，這些情形就會好很多。問題是明堂不能雜亂，所以如果前方是停車場，則需要看停車場是否會有頻繁進出的車輛，如果平日人車不多，或雖然人多但都是在固定時間進出，這樣也還算可以，畢竟絕大多時是安靜不動的。馬路的概念也一樣，如果是車水馬龍，當然不佳；如果只是一條空曠的馬路，那還算不錯。當然這樣的觀念單純是就住家來說，若是開店做生意，則會希望前方車水馬龍。若是住在高樓層，望出去如果是其他建築物屋頂，則需要注意建築物屋頂上是不是有各類加蓋，例如水塔、加蓋樓層，如果雜亂不堪，則表示對應的朱雀位代表誤會或有許多讓人心煩的事情；如果是雜亂中帶著平整，就是一整片看過去大致上完整，但其中有一部分雜亂的加蓋物體、天線、水塔等等，則表示路途雖然有許多小麻煩，前景還是很好；如果是櫛比鱗次的各類鋼筋天線，則表示前方充滿了各種人際關係上的問題。因此，挑選居住地時，前面的朱雀位相當重要，整體性開闊是主要的選擇。如果明堂中間還有座水池，就相當不錯，這座水池也就是許多人會去買在家中擺放風水池的起源。水池一樣需要安穩乾淨，所以必須有緩緩的水流，能夠幫我們聚氣生財。若是大水溝且是急流，或是髒水，則表示自己的氣運容易被帶走，或是聚集晦氣給自己。

2. 後面玄武位

後方的玄武位讓我們感覺有依靠，表示這是家世背景，跟是否有祖上的能力給予幫助，連帶延伸為讓我們有安全感，當然有了安全感，睡眠品質也會比較好。可想而知，這個位置需要的就是高大厚實的感覺，彷彿自己可以依靠在一個渾厚的胸膛、被溫暖抱在懷裡，因此，高大厚實是玄武位的不二選擇。一個高大厚實的山丘或建築物，並且是一個穩定不會有太多變換的狀態，高大厚實的物體如果不斷有動作，基本上也給不了安全感，因為它不像一個厚實的胸膛，而像一片扭動的海洋，無法讓人產生信賴。如果家的背後是一個巨大的工廠，一樣有著高大的建築，但是隨時傳來巨大的生產工具聲響，或是不斷冒出煙霧，這樣會有安全感嗎？所以，高大而厚實還必須搭配穩定而安靜，才會是完美狀態。

有首耳熟能詳的歌謠，「我家門前有小河，後面有山坡。」其實是對於水的最佳見證。這是大家期待的風水狀態，但是後面的山丘需要的是茂密的樹林或草地，若是枯萎凋零的樹木或草地，其實會讓人不舒服。同樣在現代來說，我家門前有小河或許還可以拿水溝代替一下，但是很少有機會可以是後面有山丘，所以一樣可以用建築物代替，這裡的建築物希望是高大而厚實的，並且有個小小的技巧。首先，所謂高大而厚實是依照自己的建築物做比較，並且以家中後方看出去為主，再則，跟後方的距離要考慮到是否被壓迫，以及距離是否太遠根本靠不到，那麼無論多高大厚實，跟自己都沒關係。距離要怎麼判斷呢？以目前的環境來說，在三公尺左右都稱為有靠，他就是自己的建築物跟後棟建築物在距離三公尺左右，可以稱為有靠，而且後方建築物高於自己的建築物最好，如果沒有高於自己的建築物，至少要高於自己住的樓層。舉例來說，自己居住在七樓華廈中的四樓，而後棟建築物如果是十樓，就符合標準；但如果後棟是五層樓建築物，雖然比自己的建築物低，但是會高於自己住的四樓，這樣也勉強可以，只是因為看得到後棟的天際線，所以會差一點，感覺會有不安全感，甚至有點小漏財。如果自己住在二樓，需要抬頭才能看到天際線，就會好很多。當然後棟建築物需要與自己距離在三公尺左右，並且不能在三公尺以內，因為三公尺以內就太過壓迫，就像家中長輩緊迫盯人一樣，好處當然是會把自己顧得好好的，壞處就是壓力太大。若是超過六公尺以上，則已經沒有什麼靠的作用了。若是遠超過十二公尺，甚至中間有條河道或車水馬龍的道路，那麼後棟建築物基本上跟自己也沒什麼關係了。如此一來，會變成後方無依靠。而後方無依靠，則會有孤軍奮戰的感覺，也得不到長輩的支援。

如果與後方建築物之間的空間大，問題就多，因為空間一大，就會在空間中產生各種變化，例如堆垃圾、例如有車子行人攤販在其中走動，例如容易有各種畸零地或樹木雜草叢生，或是矮小的建築物夾雜其中。這些都會對自己的玄武位造成影響，讓自己產生不安全感、影響思慮，因而產生對玄武位的殺傷力，因為思慮不周全、不安穩，連帶影響投資破財，或是生殖能力出問題，也會影響家中長輩的身體。當然如果距離在剛好的狀態，後棟建築物最好也是一棟安靜的建築物，若是一棟充滿了遊樂場、購物中心的繁華商城，各種燈光，人聲車聲，一樣會影響自己的玄武位，造成精神與睡眠的影響。

3. 左邊青龍位

左邊代表我們理性的思慮，因此這個位置也代表男性（古人總是覺得女人不理性，所以會說跟女人不能說道理），代表理性的方位當然也代表我們在事業跟工作上的態度跟思慮。既然希望可以理性思考跟處理事情，所以左邊的青龍位，當然就希望能代表穩定思考的平緩而綿長，就像我們希望自己做人處事的態度可以深思熟慮。

客觀來說，平緩而綿長的地形地貌，對於青龍位是比較好的狀態。但怎樣算是平緩而綿長呢？可以是我們居住在建築物內相對靠右邊的房子，例如自己住的建築物是一長排大樓，但是自己住在靠右邊，當然左邊就會出現一長排。又或者自己的建築物旁有一整排連棟的建築物往左邊綿延過去，或是左邊有一整排河堤、樹木，這樣的情況在紫微斗數的宮位上通常是田宅宮或疾厄宮有左輔星，表示自己喜歡幫助人，也容易得到他人幫助，這樣的風水對應自己，當然表示在工作上容易得到幫助，有人可以幫忙，一個做事深思熟慮的人當然也會考慮到自己在工作上的人際關係，對於工作夥伴會給予幫助，通常也會得到回報。

如果沒有這樣綿延的地形，寬廣的地形也不錯，但是這寬廣的地形如果是停車場或廟宇的大廣場，若是年屆退休的人，表示事業的心境已經趨向平穩，對應這個風水不再心煩意亂；若是年輕族群，則需要擔心事業企圖心不夠旺盛，會比較懶散。若是有個廣大的平地，但是卻車水馬龍，則會有較旺盛的企圖心，但是車水馬龍的同時也不能是雜亂的，不然就會變成心猿意馬，雖然有很旺盛的企圖心卻想東想西，無法專一，遼闊的大地變成海闊天空，海闊天空變成天馬行空。因此，可以車水馬龍，但不能是一堆混亂的巷弄或是雜亂的商業區，附近的違建起落比鄰，這樣就會變成想太多了。

如果是高聳入天際的高樓大廈呢？還是希望這些高樓可以和自己有點距離，太靠近表示目標遠大，卻因為急著變成高樓，反而欲速則不達；若是有點距離（至少一兩百公尺）緩步上揚，則表示目標遠大，並且有足夠的能力去努力，當然這些高樓不能是破舊腐敗的，如果中間還有高大穩重的大方型或厚實的建築物，更表示可以穩健成長，並且希望自己可以成就到一定的高位。當然，若是許多交通要道彼此交錯，就表示自己的想法混亂之外，也代表機會很多卻拿捏不住，一直跑來跑去。因為左邊需要以平穩綿長為基本概念，在上面建構出遠大目標，有高聳的建築、厚實的建築都不差，但是不能距離自己太近，需要熱鬧但是不能雜亂，需要綿長但是不能只有長長的交通要道，除非那個交通要道像水流一樣走勢很好，否則通常只是讓自己的心思走得太遠、拉不回來而已。在這樣的邏輯下，左邊太過五光十色的現象，就客觀來說，會是相對較差的情況，容易有太多五花八門的想法，工作上過於不切實際、好高騖遠。更別說如果有摩天輪或是迴旋式的停車塔，會讓人有糾結不斷的感覺，這對於工作事業的思考跟想法都會受到影響。

4. 右邊白虎位

右邊是感性跟衝動的位置。左右邊如同人的左右手，以現代心理學來說，捧著心的左手通常不輕易交到別人手上，會具有較多的保護意識；而右手則是在我們憤怒或感動的時候，無論是要揮拳打人或是伸手給予別人，通常都是伸出右手，當然這是一個大眾化的概念，不考慮左撇子的問題。這樣的心理影響，讓右邊代表感性，或者可說是不理性的部分，當然也代表了不理性的女人（如果自己的個性偏向男生，是不是在風水中就會受到左邊較多的影響呢？沒錯。又如果自己在家中的位置代表男生的角色，例如家中沒有男性，自己要負責賺錢養家，那麼左邊也會影響，這就是命理中我們常說的「實質影響力」），真正產生影響的是現實狀況，並非社會價值或法律上的定義）。

這個位置也代表了現金與業務能力、夢想跟感情。所以傳統說法希望右邊的位置能要平穩但安靜，可以高大但是最好不要比玄武位高，比較好的情況是從後方一路延伸到右邊，表示祖上的女性一路庇蔭家庭，因為右邊已經是代表感性的部分，當然最好就是要安安靜靜，免得太過衝動暴躁。在左邊青龍位的車水馬龍，在右邊是完全不受歡迎的，因為白虎位太過高大（比青龍位或玄武位高），表示感性勝過理性，家中女人權力太大，這對傳統命理學觀點來說是不好的，古代說女子無才便是德，在古代，理性的好好上班、當官才是王道，喜歡橫衝直撞、喜歡追求夢想，做生意賺錢是不佳的，因為生活不平穩。前面提過，在命理中，真正高段的命理師是善用煞星的，煞星用得好，可以為我們開創道路、披荊斬棘，但是在風水上卻因為希望安身，才能討論立命，因此，還是要盡可能保守安穩，不要讓自己在生活中遇到煞。右邊的白虎位當然也是如此，即使這是感性跟金錢業務的位置，我們也希望可以求安穩，而不是在這個位置放上許多繁華似錦的周邊，或是熱鬧雜亂的環境。

就居家環境來說，白虎位因為代表家中女人，因此最好是平靜而安穩，可以有厚實的建築物但需要安安靜靜的。若以營業場所來說，其實白虎位可以是高聳而繁華的狀態，甚至是車水馬龍的，表示業務跟吸引客人的能力很好。對應前面青龍位的概念，最好也可以在建築物的左邊，這樣自己的右邊就會有一成排的建築物做倚靠。同樣的狀況，若以居家環境而言，就必須看現實情況，若是家中以男人為主，這樣的情況就要避免；若是女人當家，則沒有關係，甚至恰到好處。若是男人當家，會覺得女人太強勢，就要看男人心裡怎麼想了。

之所以求安靜，也是因為太繁華則表示這個感情的位置太豐富，容易有爛桃花，女人在家中待不住，一樣是用傳統的觀念看世界，如果是時代新女性，應該可以不用管這些，但是一樣要注意不能是殘破的建築或地形，否則就會代表爛桃花與爛客人，或是自己的個性太容易受感情影響，容易衝動或揪結。若是平穩而空曠的地形好嗎？這種不是停車場就是公園綠地，或是住在高樓，放眼望去都是別人家的頂樓，若是女生在這個家，會比較沒有企圖心，如果希望自己那個七殺做命的老婆不要每天想往外面跑，這是一個好選擇，若是自己本來有事業心，這樣的情況就不太好。至於那些繁忙的停車場，更是自己安靜的心裡其實有著許多的繁忙跟情感的混亂。若是公園，則需要注意綠地或樹木是否茂盛。若是廟宇前的空地、學校的操場，則表示自己的思考感性層面較平淡，這些都是告訴我們，需要注意自身的需求，不能單獨從風水上去想好與壞，要依照自己的需要尋找適合自己的風水。

7.

空間環境給予的潛意識影響，風水對應人真正的影響力在福德宮

從一開始討論命盤上的田宅宮連動十二宮，所以對我們的整個命盤有所影響，再到後面討論空間對我們的影響，以至於我們需要討論為何風水會影響運勢，其實這中間都是建構在一開始提到的我們與環境的關係。我們與環境的關係會在潛移默化中影響我們，那麼是影響什麼部分呢？其實是影響了我們的潛意識，因為潛意識受到影響，跟著影響我們的個性跟價值判斷，最後導致運勢受到改變。

舉例來說，我們看到草莓，會因為腦海有所記憶而產生反應，覺得嘴裡

有唾液分泌出來，男人看到性感的女人會有身體的反應。現代很多地方流行用很寫實的畫風，畫在地板或牆壁上，讓人彷彿看到地板上真的有個大洞，不知情的人一走近還會緊張，又例如歐洲有些國家的斑馬線畫成立體的，彷彿懸浮在空中，當你靠近斑馬線的時候，會因為視覺受到影響，因此會稍微停頓一下，連帶著就會注意到馬路口的行人了。又例如我們看到空間中有個深邃的黑洞，會聯想裡面是什麼，這也就是在心理學上，男性看到下半身全裸的女人所產生的心理反應，還不如看到一個穿極短裙的女人，因誤會而有一個對未知預期的探索心理。從許許多多的例子可以知道，人會因為視覺、聽覺等感應外在變化的五感，影響心理甚至精神層面，就像學過空間設計的人都知道，通常餐廳會用暖色系，因為暖色系給人安心溫暖的感覺，會讓人想留下來，需要人來人往快速進出的賣場，則通常會用冷色調，這是現代設計學上很基本的應用常識，透過外界的感官去影響人，人的意識便被如此操縱著。

這樣透過外在環境給予人的影響，力量多大呢？小至短暫的行為模式控制，例如大明帝國著名的明式家具，其中有所謂官帽椅，椅子整個違反人體工學，讓你坐得相當不舒服，但是也因此讓你必須挺直腰桿，坐起來挺挺正正才像個當官的人，才有氣派；居家的玄關讓你必須在玄關換下外出衣物，順便調整心情再進入室內；大至名山大寺必然會有迴廊與庭院，方便人們流連與聚集（這樣的設計在西方的基督教文化中較少出現，西方基督教重視教堂內的光線導引）。許許多多的空間設計都是希望透過空間的變化去引導人的潛意識改變，跟著改變生活習慣，利用設計創造出設計者希望你去做的事情，這樣的概念才是風水學的起源與主軸。當然這就像前面所說，一開始是為了生存，再來是為了戰爭，從戰爭中開始發現可以利用空間導引改變人的思考模式，最後落實在生活之中。當思考被改變的時候，動作行為自然會被改變，我們身邊信手捻來就是一堆這樣的例子，例如平常穿衣隨便，但是進到一個莊嚴的地方就會重視自己的言行舉止，即使有人是例外的，但是大多數人都會如此。當行為被改變，潛意識就會被改變，而代表我們潛意識的宮位就是福德宮。

從紫微斗數的命盤來看，任何一個宮位往順時針挪一格的宮位，都是該宮位的父母宮，也就是自己的來源，例如命宮的順時針一格就是父母宮，父親是我們生命的來源。每個宮位都是如此，代表母親的兄弟宮，剛好是夫妻宮往順時針一格的宮位，我們對感情的態度很多時候來自於母親，或是因為同性別兄弟姊妹一開始給予我們對愛情的見解（小時候談戀愛有兄弟姊妹可以討論，總是比直接跟媽媽說來得好一點），夫妻宮是子女宮順時針一格的宮位，沒有感情哪來的子女呢？僕役宮的順時針一格宮位是遷移宮，我們的交友狀況是不是跟我們在外的人緣與展現的態度有關係呢？所以順時針一格的宮位，就是該宮位的父母宮，順時針一格的宮位是該宮位的起源跟由來，而代表風水的田宅宮，剛好是福德宮順時針一格的宮位，因此風水會直接影響福德宮代表的精神狀態還有運氣福分，因為我們的居家生活會影響人格特質跟生活習慣以及潛意識，因此影響精神狀態跟潛意識中對生活做出的判斷，最後影響運勢。

有了這個基本認知，就可以知道為何只是一些覺知、感受上的東西，就可以影響我們。我們也可以利用這個觀念，挑選讓自己感受比較好的風水環境。而用這個角度去想就可以知道，有哪些事情其實只是謠傳、有哪些事情其實跟風水無關，只是迷信。最後，我們在掌握了基本好風水的特質之後（如果檢查完發現自己家的風水不夠好，也別擔心，因為在這個年代要風水好是很難的），再看看環境周圍有什麼樣的煞、忌會讓風水變差，是什麼東西讓心不安寧，在潛移默化中影響了我們的身心靈，讓心情不好、靈魂不安，最後身體都不舒服，天天覺得自己很倒楣。

在這個章節中，我們介紹了沒有好風水不用怕，在下一個章節中，有爛風水才要擔心。

第五章

各類
風水煞忌

1.

各種風水上阻擋我的問題

現實生活中，所謂風水對我們的影響力，主要來自於生活上的實際經驗，例如太陽的照射方向（有夕照）、地勢高低（地勢低窪容易積水，容易潮濕），或是交通與生活安靜問題（小巷子的最尾端進出不方便，門口直接就是大馬路，車水馬龍，一出門就容易遇到車來人往）、氣候的問題（住在山邊有山風或是海邊有海風，冬季會潮濕等等），以及環境衛生（在垃圾場旁邊，夜市、傳統菜市場旁邊，容易有老鼠蟑螂，家裡不能一開門就看到廚房等等），許許多多各種生活現實中原本就是不方便，或是影響生活的條件。

還有各種原本就是從宗教或靈魂學角度上，會有另一個空間，無論是台灣人說的無形，或者靈魂，或者好兄弟，不好的磁場或能量，各類討論不同空間對於我們的影響力。或是單純從外界事物對我們的心理影響，進而影響潛意識的問題，或是空間之間彼此的磁場跟能量的影響，都會有我們所害怕跟希望要避免的，這其中有些是我們真的需要避免的，有些卻只是道聽塗說，甚至是江湖術士為了騙錢而說的，以下就分門別類地分析其中的道理跟原因。

2.

生活體驗組，生活小常識大家要注意

這一類的問題，坦白說，查看生活小百科可能會比看風水書還要準確，甚至有許多風水老師還會違背生活小百科，根本是倒行逆施，削足適履。風水的重點是要讓自己住得舒服，才能夠安身。沒有安身哪裡來的立命，睡覺睡不好，連立正都無法還立命。因此我們知道的生活小百科或長輩的意見，會影響生活的、讓你覺得任何不方便不舒服的事情，都需要注意，重點是生活方便跟舒適，而且要住得很開心。

居住的地方必須是自己喜歡的，當然這必須是客觀的標準，不是完全主觀的。就像有人特別喜歡花心男人，這就不能說想愛就愛，雖然愛情就是心甘情願，但是如果不想要一直面對被劈腿的痛苦，勢必要選擇一個客觀來說相對好的人。居住環境也是，總不能因為宅男愛窩在家裡，連垃圾也不倒，就找個別人找不到的地方住，認為這樣才舒適。不是如此的，而是要找客觀來說普世價值認為好的居住環境，例如房間不要太亮、客廳不要太暗，不要住在巷子最底部，廁所門不要對著廚房，這樣味道不好，居家需要整齊清潔，否則容易因為藏污納垢而生病，家中有養小動物或需要注重衛生問題。環境四周最好不是傳統市場或夜市，如果是學校會有噪音問題，廟宇同樣會有噪音問題。各種問題其實是說不完的，所以只要記得有任何會影響自己居住品質的，都需要注意跟考慮，甚至如果聽說任何可以改善風水的方法，卻會影響到居住狀況，那一定也是不對的。

筆者曾聽說有風水師建議客人把尿（或者精液）擺在家中某個地方可以改運，或是在家中擺把巨大的關刀，基本上除非是真正遇到極度厲害的高手設下陣法（這不能說完全不可能，因為在傳統術數上確實有這類方式，但通常是短期使用），否則這必然會影響居家生活。而所謂頂級厲害的高手，也不是那麼容易碰到，更不會是你隨便就可以找到的人，大部分都是假的比較多。如同有人要賣我如來神掌祕笈，我應該不會相信他。因此，調整風水的時候要記得，任何會影響生活的，都是不適合的，我們需要以這個為基礎。

3. 靈魂宗教組，磁場混亂生活堪憂

以宗教或靈魂學角度來說，這類不屬於人間的東西，當然最好不要跟我們生活在一起，無論好壞難免會受影響。而這類無論是好兄弟或靈魂或稱之為能量，最容易受到什麼吸引呢？如同我們喜歡待在有陽光的地方，喜歡乾淨的環境，喜歡寬敞的空間，如果受到各類電磁波的影響，長久下來，會影響到我們的腦神經，跟著影響身體狀況，其實這都是因為各種磁場的產生會影響我們的靈魂。雖然目前並沒有實際的科學儀器可以測試出靈魂的存在，但是如同在還沒有儀器可以測試光子的存在時，並不表示光子就不存在。我們可以由各種經驗跟現象理解靈魂的存在，也可以知道靈魂會受到各種目前的電磁波影響，雖然不曉得確實的影響力有多大，但如果是一個巨大的變電箱在你窗口對著床頭，那一定是不行的，或是大型的高壓電塔放在你家附近，那也不太好，一方面這類磁場強大的東西會引來各類不同的磁場（靈魂），另一方面會影響你自己的靈魂（精神）。

除此之外，靈魂喜歡的空間通常較為陰暗或空氣不流通，以及雜亂（雜亂容易造成各種陰暗的空間）。在陽光照不到的地方，它們會覺得比較舒服，我們雖然不能說陰暗處就一定會有這類不知名的靈魂，但是如果有這樣的地方，難保不會有個本來出門自助旅行在外遊蕩的靈魂，跑來把你們家當成民宿住下來，所以保持家裡乾淨整潔，光線充足，也盡可能不要選擇陰暗的巷子或是社區最邊間，陽光照不到的地方居住，或是社區一樓的空間很凌亂，容易堆雜物，陽光無法照射，居家附近如果有小宮廟不知道拜什麼奇怪的神也需要注意。這類情況在前面曾提及，通常是田宅宮包含三方四正有廉貞、陰煞，就可能會在風水上遇到不好的外力進來干擾，磁場當然就不穩定。

廣義來說，如果單純是環境磁場不穩定，會影響自身問題，還會包含例如周邊有鐵路軌道，房子內有看不到的下水道或軌道（例如捷運共構或是原本有下水道，在上面增建），牆壁有管路等等，會因為有物體快速流動或經過而產生磁場的變化，雖然看起來不像變電箱這類本來就具備強大磁場，但是長久下來慢慢影響也不能不注意。

4.

潛意識的影響力，讓我吃不好睡不著

我們知道風水對於地形地物的影響，最主要來自兩個地方，一個是生活環境上實際的需求，例如不能讓水直衝地往自己居住的地方來，空氣要流通，好的生活環境讓自己身在其中會產生好的能量；另一個就是因為感官上的影響，造成潛意識的不舒服，跟著影響我們的精神，連帶影響自身的靈魂跟能量（福德宮），所以在這裡需要討論的就是各種讓我們因為感官上不舒服所造成的煞。

1. 尖銳的不舒服感

這是一般最常被提到的部分，各種刀壁煞，如廟宇的屋簷對著你家，建築物的尖角，牆壁的轉角，都可以算是這一類的煞，更有甚者包含了建築物外觀的裝飾形狀，例如對面人家窗戶是三角形，對面的鐵欄杆裝飾是菱形，都可以算是這方面的煞，主要是來自於人對視覺上尖銳的東西會感覺到不舒服，沒有安全感。你想想，在自己家裡客廳天花板上如果吊了一堆菜刀，你還敢坐在客廳裡嗎？當然周邊的環境或許沒有那麼嚴重，但是長久和這些煞在一起，日久沒有生情，卻一定會生出潛意識中的不舒服。這樣的不舒服對應著我們自身跟居住環境的磁場能量，因為長期居住會產生彼此的連動關係，所以對應方位上所代表我們的能量，就會透過對潛意識的影響去影響我們，因此各種尖銳的物品放在各方位上，就會影響各方位代表的意思，就像這個方位所代表的宮位內有煞星。

2. 敗壞的東西給我們心情上的糾結

通常我們看到敗壞的東西，都會有種為何不弄好的不舒服感，這種感覺就像是事情沒做完，又像是無法決定，感覺沒完沒了，或者覺得最好快破壞掉、弄掉，省得麻煩，讓人心煩意亂。以紫微斗數來說，代表的星曜就是陀羅跟破軍，遇到煞、忌的天機或巨門等等。在現實的風水上，通常是破舊的爛尾樓，還沒蓋好的工地，堆滿了垃圾的黑洞，地上的坑洞，垃圾堆，破舊的菜市場、屠宰場等等，或者下水道，人行地下道下的停車場等等，感官上覺得會堆滿各類不知名垃圾或是雜物的東西，還有建築物的破敗牆面，漏水管路造成的壁癌，都算這類的煞，對應到的位置會讓人覺得思慮不清楚，人際關係混亂（因為思慮不清認人不明），影響身體上面有皮膚病等擺脫不了的慢性病，甚至是腫瘤的產生等等。

3. 五光十色讓我們聽覺視覺隨著起舞無法安寧

基本上，影響居住生活品質的都可以算是煞，所以不只是視覺的形狀，光線跟聽覺也會對我們的生活造成影響。例如霓虹燈的閃爍，玻璃帷幕大樓的反光，建築物金屬的光線反射，因為環境吵雜造成的車水馬龍，機器產生的低音頻，或是施工產生的尖銳聲音，因為建築物的間距產生的風壓以及連帶產生的聲音，大樓水管管路因為老舊產生的聲音，或是因為震動產生的低音頻，都可以被視為風水上面的煞，因為各類非正常音頻會影響腦神經。還有許多聲音是人類聽不到卻會影響我們的，而本來就聽得到單純只是讓我們無法安寧，都是要注意的。從實驗中分別放輕柔交響樂或鋼琴曲，以及重金屬音樂給乳牛聽，所產出來的牛乳，品質截然不同，輕柔的音樂音波一般來說都是波形較平緩的，而尖銳吵雜的音波波形則高低起伏不定，也因此造成乳牛因為聲音音波產生腦波不平穩，產出來的牛乳當然就不一樣。而視覺上對於光波產生的顏色刺激，也有一樣的問題。閃爍的光線會對我們產生不同光波的視覺刺激，進而影響大腦，對腦波產生不平衡的刺激。這些在目前的科學上都有明顯而具體的研究成果，對應在風水學，就被歸納為一種煞，只是在古代沒有科學儀器去證明的時候，無法提出確切數據。

對應到相對應的方位上，就會影響相關宮位上的焦慮感，以及心理上的急迫，在應該理性的時候太衝動，在本來就已經很感性的方位，更加無法控制情緒。在需要安穩的方位，讓我們心情不定，在需要開朗面對的方位，讓我們心中急躁，對應到身體上更容易造成神經與循環系統的問題，進而產生各類神經方面的狀況。

5.

空間壓迫的恐懼，視覺不平衡造成心理不平衡

前面提到原本不錯的高大建築物因為靠你太近、讓你感覺到壓迫，就是最好的案例。我們都希望視覺上可以遼闊，總不要一看過去就是一面牆，這跟在監獄裡的人一樣，永遠看著一面牆，是不是感覺人生很無望。同樣地，一出門就看到樓梯，會說這是樓梯煞。看到外面樓上的陽台比你高，擋著你出門時看到的陽光，讓你覺得好像一出門便有個東西罩在你頭上，這叫作天剋地，看出去一邊遼闊一邊壓迫，讓你的視覺不平衡，躺在床上感覺屋梁好像快壓到自己，這類因為視覺上感到壓迫（只有視覺沒有真的被壓），因為

視覺上的壓迫感造成心理上的壓迫感，以至於覺得好像受到束縛，無法有好的發揮跟施展，對應相關方位，就表示相關方位無法做到好的發揮，在前方感覺前途無望，在左邊覺得自己空做思慮無法發揮，在右邊別說是情感受到壓抑，夢想不能盡情，在後面就是長輩的壓力了，對應身體會有相關的肌肉緊繃，連帶影響了臟器因為緊張而產生的慢性疾病。

6.

各類視覺上一直衝過來推過去的存在，感覺不喜歡

還有一種情況，各類型建築物好像朝著自己衝過來的樣子，例如有棟長方形大樓，短的那一端朝著自己這一面，感覺像支長槌子往自己敲過來；或是有道路往自己衝過來；或是兩棟建築物形成的隙縫空間朝向自己，讓建築物間的細縫產生風壓，影響磁場能量衝向自己；或是在空間中前後有一扇大門或窗戶，讓氣場或能量好像會從中間兩道對向的門穿過去，形成所謂穿堂煞，表示氣會留不住，讓各類的人氣、財氣、磁場、能量都留不住。而道路向自己對衝也會讓人心理上不安，單就形狀對向自己，也會有讓人感覺被沖

到、打到的感覺，視覺上的感受連帶影響潛意識中的不安全感。這類影響對應方位，通常是在前方感覺到有阻礙，在後方感覺到沒有靠山很辛苦，在左右兩邊則代表左右手臂都像被卡住，如果再搭配前面說的尖銳形狀，就讓人更加不舒服了。身體上來說，這類的風水煞不太會引起嚴重的身體問題，勞累大概是比較容易出現的。

以外在環境的煞、忌來說，大致上可以區分為這些類型，都是從居家生活的環境給予生活不便利，以及心理上不舒服為主要情況，讓我們受到環境影響然後影響自己。在理解了方位不好、風水如此影響我們之後，才能夠從根本上解除問題，排除所謂靈魂問題。以及在風水上會有所謂用更強大的能力與能量去處理環境磁場造成的情況之外，其實煞、忌通常不會太多，絕大多數的風水也不至於這樣糟糕，如同真正高超的術數家其實很難出現在你身邊，真正爛透的風水，除非命格實在是萬中選一的爛命格，否則一般來說也爛不到哪裡去，大致上就是都市人常遇到的各類形煞：建築物亂七八糟，對面有鐵窗，家中太小有穿堂煞，多數人遇到的煞差不多皆是如此。通常都是因為我們的心理因素而影響潛意識，或者只是長久以來的生活小智慧讓我們可以把小日子過得更好。從這樣的角度去看風水，對應了我們的命盤，就可以簡單幫我們改善生活空間，給予我們命盤正能量的回饋，幫助我們去除壞的生活環境、壞的能量，聚集好的生活品質，為我們帶來好的精神狀態，自然而然就可以得到風水上的重點。安身而立命，能夠安身才能讓生命站立起來，奮勇向前，不會像鹹魚一樣躺在地上。一個人沒有了夢想，整天躲在陰暗暗的屋子裡，像鹹魚一樣風乾著，還會有什麼希望呢？自然不會有桃花、不會有事業，更別說是財運了。

所以，當我們了解原理，就可以改善環境，先從命盤找到適合自己的風水、需要的風水，以及居家中我們重視的方位對應自身能量好的方位，並且加強自身能量，利用對環境的觀察，為自己找到適合的居住環境，至少基本盤的地基要好，起跳才會穩當。但是現實中難免會有讓人覺得不如意的地方，不可能有完美的風水情況，通常是坑坑疤疤七零八落，有煞、忌出現是難免的。再來我們就看看，當我們可以安身平穩，準備立命高飛的時候，如果有煞、忌在旁邊環伺，該如何應付跟面對，該如何改善跟調整，如同我們說到多數的風水問題都不是很恐怖的大問題，而且風水的重點在於居住環境的品質，因此接下來要利用居家生活裝潢的觀點來調整風水，要用生活小物以及簡單輕裝修幫我們阻擋不好的煞，不用綁上一些奇奇怪怪，連你自己也不喜歡的什麼筆啊、刀啊！還有各類宗教商品符咒。

第六章

不好的擋起來，擋不住就改道

1.

生活問題不用迷信，用知識就可以解決

當我們知道就風水而言，環境對我們的影響主要來自於生活習慣，以及因為潛意識造成我們影響自己的決定跟運途之後，就可以從基本原理解決問題，無論是命理或風水，都強調必須先理解原因，才能夠解決問題，如同中醫的概念（在古代，中醫跟命理學本來也是一體的），找到真正的病症，並且了解病患真正的需求，才能對症下藥。接下來就來看看現實生活中各種風水上的問題，以及該如何解決。

許多風水觀念就是生活經驗的累積，這類所謂風水禁忌，其實是利用命理去恐嚇人，讓人乖乖做對的事，所以基本上可以當成老人家的經驗傳承。我們可以多上網搜尋新知識，利用邏輯思考解決。但是，要怎麼分辨是真正的風水禁忌或生活小常識的問題呢？其實只要看看禁忌的背後是否有合理的科學解釋，還是只是充滿了怪力亂神的用詞，或是漫天術語卻說不出個所以然，甚至在經驗法則上不合理。例如沙發要靠牆，窗外不能掛衣服，開門不能看到廚房，這種問題若是問命理師，他通常都會說不出所以然，因為這些問題就只是生活經驗。

沙發不靠牆，背後有人走動，會讓人坐得不安穩。窗外掛衣服，半夜醒來像鬼影飄動。開門見灶，現在通常是豪宅才能夠如此，如果真的是因為小家庭、空間太小，不得已才開門見灶，這個問題根本不在開門見灶上，而是家中空間太小，連風水聚氣的能力都沒有。所以只要基礎風水邏輯是依照地形地物的影響，造成人的居住環境是否舒服不相關，基本上都是生活小細節，自己住起來沒有問題，就可以不用理會。

2.

離開讓我們心煩意亂的人，磁場混亂的地方也不要久待

如果是因為建築物周圍有高壓電塔，或是附近有宮廟以及各種宗教組織，尤其是有通靈感應這類活動，這樣的環境容易會有不對的磁場，並非我們可以直接從風水上處理，或者說這不是一般人可以自行處理的，因此，最簡單的方式就是搬離那個地方，因為這些環境容易吸引跟我們不同的靈體，如果是原本就存在那個空間，只要找法師處理就行了（這個前提是必須找真正有能力的法師）。如果是因為環境所造成，找了法師也無法完全處理好。雖然有些法師自稱功力高強，可以一次處理好，並且給你一個法寶鎮宅，問

題是周圍環境一直把靈體吸引過來，那個鎮宅法寶是不是這麼夠力實在很難說，所以最簡單的方式是離開那個環境。

若真的有困難無法離開，則建議多往大廟宇走走，大型廟宇裡的神明會是較正面且具備強大的力量，能讓自己的心靈跟靈魂穩定。多曬太陽保持正面的信念也可以，並且要注意，自己的居處一定要保持乾淨整潔，盡可能不要堆放雜物，讓居住空間減少陰暗的角落，並且讓陽光照射，也可以減少這類問題。

3.

眼不見為淨，看不到就不會受影響

因地形地物而產生的煞、忌，絕大多數是因為視覺造成心理影響，既然如此，最簡單的方法就是眼不見為淨，看不到就不會受到影響。各種開了門會看到的，尖尖刺刺對著你，破破爛爛對著你，閃閃發光對著你，就把它擋起來。傳統上通常會用各種開運商品去擋，例如八卦鏡、山海鎮，或是更單純地只用一個凹透鏡，這個方法有用嗎？基本上，若有煞氣朝你衝過來，不能否認，某些法力高超的大師應該可以加持，幫你擋住，問題是真正的大師跟真正的明星一樣少，通常都是跑龍套的，還是靠自己最好。更何況這類煞、忌源自於視覺造成心理上的影響，只要看不到，就可以解決問題。因此，也有人建議擺上一盆植物，或是一個風鈴、屏風去阻擋，這就是單純利用眼不見為淨的道理。重點是我們需要注意該用什麼植物，首先不能是尖銳的植物，為了擋住尖銳的東西，結果放一個尖銳的植物，不是很奇怪嗎？

筆者曾有位客人，因為家中樓下搬來一間宮廟，每天開壇辦事，請王爺神靈降駕解決問題，不到半年，這位客人家裡就開始出現問題。正常來說，好神明應該是庇佑人們，但是樓上樓下這真的太接近，就像我們在好餐廳享受美味，但是樓上住家不見得每天受得了餐廳廚房排煙管排出的油煙。所以宮廟這樣每天辦事，就算神明沒有惡意，你也可能因為神明降靈的時候，現場磁場太強大而受到影響。之後他們請來一位大師，大師建議在陽台放上一整排仙人掌，據說仙人掌可以擋住惡靈，結果沒多久這家人出現更多問題了，暫且不論仙人掌是不是能擋住那些靈，光是仙人掌在自家陽台站一排就是個煞，還直衝家裡，說不定不但沒擋到靈，反而被沖煞到，即使擋住靈，自己一樣受到傷害。所以不能擺放尖銳的植物，而且植物要擺在外面，因為能夠擋煞的是茂盛的植物，而茂盛的植物難免招來蚊蟲，所以還是放在外面比較好。

其他諸如風鈴、葫蘆這一類的東西，跟前面說的八卦鏡一樣，必須經人開光、有老師加持，且還要是厲害的老師，否則一樣沒有太大的用處，因為它並沒有辦法阻擋煞產生的基本問題。我們看到煞，視覺影響潛意識心理，才會有人建議用屏風來擋，原則上面積大一點的物品是可以的，只是要注意一些問題，用屏風來擋要全部擋住，不能只擋一部分。既然這樣，乾脆做面牆不是更快？確實如此，只是有時候不方便做一堵牆，放個屏風是最簡單快速的方法。有時候真的有需要，也顧不上風水，將屏風拿到陽台，把空間空出來，一樣可以辦烤肉趴。同理可證，只要是圓潤的東西，可以阻擋視線的，就可以擋煞，例如一個大玩偶、窗簾、一個櫃子，只要看不見這些討人厭的煞，就可以阻擋它對我們的影響力。不過，有時候這些煞的影響面積非常大，例如窗外的霓虹燈或對面大樓是玻璃帷幕，整個鏡面反射了陽光，可能光靠各類美麗的植物、小小的屏風或是再大隻的玩偶，擺滿了也沒有用。這時候真心建議，如果採光夠，不妨直接裝堵輕隔間的牆，如果採光不夠，至少裝塊霧面玻璃，讓光走進來，但是那些煞卻不會直接進來居住生活空間，變成模糊的光線，不會直射我們，或是霓虹燈不會直接變換色彩干擾我們的視覺。

4.

心理的因素不是只有視覺，看不到一樣很痛苦

不過，造成心理因素影響有時候不見得來自光線，或是單純尖銳的形狀，有時聲音也是一個原因。這方面的問題，大致可以分為兩種，一種是外界的吵雜聲響，氣密窗是一種好選擇，透過現代化科技把噪音隔絕在外；另一種則是大樓管線的問題，以及風壓或是建築物中機器設備發出的低頻噪音，那種不太聽得到卻嗡嗡嗡的低音，可能必須找專業人員處理，一旦真的無法處理，只能建議直接搬家。

因為長久聽這類噪音，必然會影響精神狀態。還有就是環境中產生的腐

敗氣味，通常出現在家附近有夜市、傳統市場。所以就傳統風水來說，這類環境不論出現在哪一個方位，都會影響各方位的運勢，其實有兩個原因，一是這類環境通常雜亂陰暗，容易招惹不好的靈魂，造成磁場變動，另一方面則是因為氣味，氣味會影響人的思考跟神經，想想看香水對女人魅力的增加有多大的力量，各類芳香機跟精油賣得如此之好，當然有它的原因，各宗教在靜坐冥想的時候也都會點香，同樣是利用氣味引導人的神經，無論是用來安穩或是促發人的靈感，香的味道本來就會左右連帶著人的神經與靈魂。好的味道可以讓我們的靈魂昇華，不好、腐敗的味道當然也容易讓靈魂墮落、精神混亂，所以居家環境的聽覺跟嗅覺也需要注意。利用各種新科技，隨時讓你保持在舒服、情緒安靜的狀態，自然可以透過精神的安穩調整，達到心靈的平衡，讓靈魂狀況變好，運勢自然也會好，這是在空間中可以被營造出來的改運能力，所以環境周圍如果有聲音讓人不舒服，或是有氣味不對，要想辦法杜絕或隔離。

5.

壓迫的空間逼迫人生，退一步海闊天空

空間空間，空出來才會有空間，有空間才不會有壓迫感。風水上的煞還有一種，雖然是因為地形地物，但是並非看不見就好，那就是空間上的壓迫，可以是建築物四周的壓迫，也可以是居住空間內的壓迫。雖然這本書的主旨是談形家對於建築物在空間裡的概念，但是對於內在空間也給予建議，盡量不要去住空間很小的房子，因為太小的房子自然會造成雜亂陰暗的角落空間，也容易在屋內的梁柱牆角這些結構上造成空間內的煞，更別說現在許多房子喜歡隔成樓中樓（樓中樓如果挑高夠高沒關係，這是氣派豪華，所謂挑高夠大概要六米，如果用四米高硬去隔出一個房間，必然有一個空間呈現壓迫狀態），還有許多房子因為總坪數不夠，硬要隔出三房兩廳，結果每個房間都很小。但是如果以目前亞洲都會區寸土寸金的情況來看，房子要大其實很難，所以基本邏輯是希望房子至少要有客廳，不要有太侷促的空間，以及太多的轉折走道，因為這些都會造成房子裡面的風水不好聚氣，或者容易聚集不好的氣，或是因為生活上的侷促，讓人無法放鬆，所以住起來運勢也不會好。因此，筆者通常建議，寧願住遠一點，也要住大房子，這裡的大是至少站起來挑高要能夠有三米，至少要有客廳，睡覺的地方最好不要有梁壓到，或是放床後就無法轉身。這樣的狀況，不用看外面的風水，光是回到家裡，就不會是個好的居住環境。

如果實在無法找到夠大的房子，該怎麼辦呢？總是要為自己找到辦法，所以至少要努力解決前面說的三個問題。

首先，客廳一定要有，而且最好能夠有個小陽台，造成走出陽台就面對朱雀位。如果沒有這樣的狀態，能改格局則改，如果是租屋，則建議找別的房子。因為我們說朱雀位的部分可以稱為明堂，明堂在風水上是聚氣的地方，這個氣無論你要說是磁場也好能量也好，至少在心裡跟視覺上，向遠方望去有個空曠感，心情一定是好的。如果遠方沒有，家中的客廳也可以當成是自己圍出來的小明堂，有種「這裡屬於我」的概念，讓自己有家、有被保護以及歸屬感。所以風水上會將客廳稱為內明堂，當然，前面提過明堂需要空曠安靜，所以家中客廳還要整潔，不能雜亂，如果家中很小，東西放不下，可以用櫃子收納。視覺是影響潛意識的方式，所以至少要做到看不到髒亂，可以找很多櫃子收進去，讓客廳看起來是方正整潔的。

第二個技巧是空間的安排，如果客廳很重要、主臥室很重要，在格局上，就該住在這些地方。簡單來說，不能為房間犧牲客廳的空間，不能因為要有衛浴而硬是犧牲主臥室的空間，讓主臥室變成很狹促。寧願少一個房間或少個衛浴，或讓房間的空間變小，但是客廳要盡量大且方正，一個房子的室內格局，客廳一定要是最大的，至少要跟主臥室一樣大，才符合前面所說，能量的影響大小依照所占的空間來算。最後，則需要注意室內不能有太多曲折的走道，一方面是為了氣的流通，一方面則是因為太多轉折而產生出來的煞。太多轉折的空間規劃，會讓空間內居住的人形同分離，明明在同一個房子裡，卻需要繞兩個彎才看得到對方，客廳聚集的能量當然也不容易分配到其他房間。

這些是基本的室內空間配置原則，重點就在於不要有壓迫感。而室外空間呢？對於戶外，除了背後的玄武位之外，其他位置最好都不要有壓迫的狀況，這常常讓初學風水的人很難拿捏，「壓迫」跟「靠」到底該怎麼區分？旁邊附近的建築物離我們太近，讓我們感受到壓力，會形成一種煞，但是跟我們靠得很近卻又可以成為我們的靠，讓我們有安全感、感覺有依靠，在左右還會產生有幫手的感覺，但是到底怎樣才算壓迫？怎樣才算是靠呢？以人的視覺來說，每棟建築物之間的距離六到十二公尺可以算是剛剛好，六公尺以內到三公尺左右就算有壓迫了，少於三公尺，則感覺跟我們這棟建築物連在一起，這就算是靠。這是就建築物來說，是以自己在屋內看出去的狀況，因為牽涉到建築物的樓層問題，則又不一定。例如前面說到六到三公尺算壓迫，但是隔壁建築物的高度比自己的建築物低，就不算逼到自己，畢竟那個小矮個跟我這大塊頭到底是誰壓誰啊？所以我對他來說算是壓迫，他對我來說不算。如果以住屋的樓層來說，小建築物五樓，我十樓，當然是我壓他。但是如果你住在大建築物的二樓，雖然隔壁小建築物很小，但是你從窗戶看不到他的建築物天際線，需要抬頭才能看到，這樣也算壓迫，會讓你感覺到在青龍位覺得思慮不清，官運不順，與同濟長官溝通有問題。在白虎位可能是太過感性，會覺得女性家人給自己壓力很大。在前面的朱雀位，當然覺得自己前面有一堵牆擋著，對於前程感覺無力不順。這時候應該怎麼辦呢？

以左右來說，如果不是那棟建築物真的狀況太差，例如破敗或是本身就有各類煞對著我們，其實不太會有直接的影響，在屋內時盡可能回房睡覺，非睡覺時間則待在舒服自在的客廳，並且把那個位置的窗戶關起來，或者放面鏡子對照出去，因為壓迫的問題在於視覺影響潛意識，青龍白虎位的壓迫問題，對應整棟建築物會比較明顯，對應個人居家單位影響不大。整體建築物的問題非我們可以處理，但是居家若真的遇到前面所說，打開對外的窗戶總要抬頭才能看到天際線，則表示陽光進不來，在哪個位置放面鏡子增加空間，打上燈光解決陽光的問題，沒事不要看著對方那面牆擋著自己，大致上就沒有什麼影響了。但是對於朱雀位，會因為那是我們對外主要氣流與能量的來源，是我們在空間內跟外面的交流，所以若有壓迫的情況，建議直接換房子，真的不行就要處理好自己的客廳，讓客廳做出適度的空間，我們才不會有壓迫感，就像最前面說的那個年輕有錢男人的例子，他將自己辦公室近十坪空間做出一個內明堂，因為公司大門一打開不到兩公尺就是對面人家的鐵門，這個內縮做出來的明堂，讓他在事業上也闖出名堂。這是基本的改善方法。

6.

各種衝過來的東西，不用怕，換個方向避開

因為馬路直衝過來（只要直衝，無論是衝向哪個位置都不太好），大樓建築物的形狀像個直條衝過來，兩棟大樓太近產生的縫隙形成風壓衝過來，左衝右衝上衝下衝，斜衝橫衝，對我們來說都不是什麼好事，這在現代都會是很難避免的，不過有幾個方法可以解決，一個方法是改大門的位置，至少大門不要被直接衝到就好，或者在被衝過來的地方種棵大樹，或者放塊大石頭做造景，不過這類方法大概都是建築公司才能做。假設遇到了，應該怎麼辦呢？首先，如果是平房或是一樓的房子，或許有機會採用種樹擺石頭的方

法。如果是二樓以上，至少要用眼不見為淨法，或是在買房或租屋時，就買在高樓層，避開這些隔壁建築物，或是道路對你衝過來的煞忌問題。真的避不開，一樣就在家中相對應位置擺上東西擋住，眼不見心就淨。

而在眼不見為淨中，還有個技巧，越厚重的東西越有效果，這個方法最常被用在擋穿堂煞上，一個空間中的相對兩面牆有扇很大的窗戶或是門對望，會讓氣直接流通，稱為穿堂煞，許多人會用櫃子屏風去擋住，筆者則建議直接在其中一道使用比較厚重的門，這樣就不稱為門，而可以當成一道活動的牆，只要不常開，就不算是穿堂煞了。至於要多厚呢？大概八公分以上就可以，十二公分以上更好。同樣的道理，也可以用在家中神明通常不適合放在廚房、主臥室，或是神明桌後面是空房間，因為不能讓神明的玄武位沒有靠，但是如果那堵牆夠厚，就沒有這個問題。

7. 天地自然形成的五黃煞，躲都躲不掉，一樣不用怕

天地之間自然形成的五黃煞，基本上是隨時存在的，就像是到了冬天，天氣會變冷，或是秋季會有焚風，都是自然形成。古人透過對天地之間能量的觀察與長時間的驗證，覺得整個空間中會隨著時間而有煞氣流動，並經過千百年的驗證，形成一整個在風水上很重要的流派，這樣的天地自然形成的能量，當然不是我們裝傻沒看到就沒事，所以無法只用前面的方法。不過不用擔心，古人可以形成一整個重要流派的學說，自然有對應的方法，這個五黃煞在學理與專業上有許多方法可以應對，但是各種方法都要有背後深厚的

學理以及能力，如同筆者其他書籍一樣強調實用性，可以用最科學簡單跟現代化的方式，讓大家看完書就可以直接拿來用。因此，在這裡介紹一種簡單解決五黃煞的方法——化煞安忍水。

化煞安忍水

化煞安忍水是建立在認為所有的煞會產生，是因為空間中某一種粒子會迅速移動，移動的過程對我們造成影響，所以利用化煞安忍水將這些粒子穩定下來。當然這樣的說法都是後人自己的想像，現在科學還是很難證明它背後的原理。畢竟現在的科學儀器也無法真正解釋跟證明五黃煞的存在，就如同百年前因為儀器不發達所以無法證明光子、原子這些粒子的存在，但光子、原子是確實存在的。我們現在還是無法真確地理解五黃煞的根本原因，但是流傳下來的風水流派，卻又真真實實地讓我們知道這些在無形空間中的煞、忌確實影響我們，所以這個便宜又簡單，不用技術不用法力，任何人都可以製作卻又效果很好的化煞安忍水，也是一樣有用，並且可以說是相當有趣。

化煞安忍水的製作方式

坊間對於化煞安忍水的製作方式有許多説法，為大家整理一個最合理又最簡單的方式。

一個大碗公（開口要比中間的直徑還大），最好不要是木頭或金屬材質，碗公內裝大約五分滿的鹽巴（有些資料會説要粗鹽，其實只要是鹽巴就可以），然後在鹽巴上面放上六個銅板，基本上是擺成圓形，或是擺成五邊形再加上中間一個，這大概也不是因為五形或六合，其實就是讓銅板可以平均擺放在鹽巴上就可以。擺好之後再慢慢加水進去，避免鹽巴揚起來，加到碗的七、八分滿（七分、八分都可以），化煞安忍水就製作完成了，是不是很便宜簡單呢？古書上用的是銀元，猜測是利用銀跟鹽的化學反應結合空氣中我們所不知道的粒子。現代要找銀元當然不容易，但是筆者利用台灣的十元銅板也可行，基本上銀色的金屬銅幣應該都可以，當然如果講究一點，可以去藝品店買仿製銀元，擺起來也感覺挺專業有架式，再加上如果挑選的是漂亮的瓷碗，可算是相當漂亮的擺飾，很有文化意味，即使是仿冒的銀元，因為面積比較大，而且裡面所含的成分應該也會比單純的十元銅板力量大。

化煞安忍水用法

製作好化煞安忍水後，將化煞安忍水擺在每年五黃煞所在位置，例如五黃煞的位置在東方，就將化煞安忍水擺在家中的東方。要怎麼找出方位呢？在家中的中心點，拿出羅盤或利用手機的羅盤或指南針 app，就可以知道東方在哪個方向，朝那個方向走到家中最靠邊的位置，就把化煞安忍水擺在那兒，當然那個位置可能是任何地方，原則上要盡可能地靠近東方。如果東方剛好是一個馬桶，當然可以放在廁所外面靠近東方一點的地方就好，如果是瓦斯爐，可能可以放在廚房靠近瓦斯爐的地方。

放好以後，很神奇，大約一週的時間會看到碗的上緣結了一層鹽巴結晶，兩週後甚至可以看到鹽巴的結晶爬到碗的外面，也就是說，化煞安忍水正幫我們將煞氣轉換出來，避免煞氣直衝過來在家宅內影響我們。很有趣的是，如果這是因為鹽巴水蒸餾而形成結晶，不妨在家中其他位置也擺上另外一盆，可以發現在同樣環境下，在五黃煞那個位置的化煞安忍水結晶形成特別快，如果這是因為蒸發，為何同一個空間中蒸發的狀況不同？更別說鹽巴的結晶會結到碗的外面，甚至呈現類似鐘乳石的立體狀態。隨著時間流逝，慢慢地水會變少，這時候只要加水到一樣的位置就可以，放個一年，這些銅板會產生綠鏽，結晶的速度跟效果就會差一點，可以換上新的銅板。而五黃煞每年都會變換位置，需要每年將化煞安忍水放在不同的位置來擋煞。很有趣的是，這個化煞安忍水也可以用在其他的煞，前面提到的各類煞有時候也有用，如果家中有鋼樑太低的地方，屋外有電塔或尖塔、變電箱電線，有車流衝過來，鐵道鐵軌或是兩棟建築物間距太近，容易有風壓形成的煞，這些煞衝到家中的地方，都可以擺上一碗，基本上也會有效，不過最好的方式當然是依照前面說的去擋它、遮蓋它。化煞安忍水只可以當成輔助方式。

怎麼找出五黃煞的位置呢？

坊間有許多算法，筆者看了也是頭昏腦脹，於是幫大家整理出一個較容易帶入的公式，不需記憶所謂上、中、下的哪一元、哪一旬？輕輕鬆鬆帶入公式，即可為自己找出五黃煞的位置。步驟一：將西元年的數字相加（一直相加至個位數）。步驟二：用11減去步驟一所得數字後入中宮。步驟三：依序填入數字（坎↓坤↓震↓巽↓中宮↓乾↓兌↓艮↓离）於圖表中。步驟四：找出5的位置，即為今年的五黃位囉！（見圖四十二～四十四）

圖四十二／ 找出五黃位的位置

巽（東南）	离（南方）	坤（西南）
震（東方）	中宮	兌（西方）
艮（東北）	坎（北方）	乾（西北）

步驟一：將西元年的數字相加（一直相加至個位數）
步驟二：11- ____ = ____，以____入中宮
步驟三：坎（__）→ 坤（__）→ 震（__）→ 巽（__）→ 中宮（__）→ 乾（__）→ 兌（__）→ 艮（__）→ 离（__）
步驟四：找出 5 的位置，即為該年度的五黃位

圖四十三／ 示範找出 2019 年的五黃位

7 巽（東南）	**3** 离（南方）	**5** 五黃位 坤（西南）
6 震（東方）	**8** 中宮	**1** 兌（西方）
2 艮（東北）	**4** 坎（北方）	**9** 乾（西北）

步驟一：2019 年，為 2+0+1+9=12，1+2=3　（一直相加至個位數）
步驟二：11-3=8，以 8 入中宮
步驟三：坎 (4) →坤 (5) →震 (6) →巽 (7) →中宮 (8) →乾 (9) →兌 (1) →艮 (2) →离 (3)
步驟四：找出 5 的位置，即西南方為 2019 年的五黃位

圖四十四／ 2020 年五黃位的位置

6 巽（東南）	2 离（南方）	4 坤（西南）
5 五黃位 震（東方）	7 中宮	9 兌（西方）
1 艮（東北）	3 坎（北方）	8 乾（西北）

步驟一：2020 年，2+0+2+0=4　　　　　（一直相加至個位數）
步驟二：11 - 4 = 7，以 7 入中宮
步驟三：坎 (3) →坤 (4) →震 (5) →巽 (6) →中宮 (7) →乾 (8) →兌 (9) →艮 (1) →离 (2)
步驟四：找出 5 的位置，即東方為 2020 年的五黃位

結語

風水沒有那麼難，改運只要順著自然，安頓身心自有好生命

在傳統的命理文化中，我們習慣把這些學術說得很艱深，這當然是因為華人的文化陋習所導致，越是艱澀難懂越是可以裝神弄鬼，越是有所謂不傳之祕越是可以收到很高的價錢。但是從邏輯的角度去想，越是艱澀難懂的東西是不是傳遞越困難，越是所謂家傳絕學、不傳之祕，是否也同時表示可以被驗證的機會很少，更別說既然是不傳之祕，又何必要傳給你？可惜的是，我們常受這樣的文化洗腦，所以總會傻傻地相信，忘了所有的技術跟科學一

定都是越多人使用跟驗證越有效果，越多人了解知道，越能夠除錯。這是近代西方文明和我們不同的思考邏輯，所以西方世界永遠在科學技術上不斷領先，在各種技術上越來越進步，而華人世界永遠在相信那個古老才厲害的神話，而不去想古代人怎麼可能比我們厲害，相信一個統領國家不超過一百萬人的周文王，可以多有智慧，卻不想想周文王的年代是怎樣的社會情況，他會遇到什麼事，而現代人會遇到什麼事。我們可以珍惜古人流傳下來一代代的智慧結晶，珍惜這一切的技術累積，卻該改變我們在技術學習上的心態，尤其在傳統的文化上，儒家教育的崇古思想建立在為了訓練人民要相信上位者的命令，這對於統治很好用，卻也讓人失去思考，失去在學術上的分享能力跟心態，導致傳統武術無法透過一場場的各門派技術交流與驗證達到有效率的進步，傳統醫學無法轉化成與西方醫學一樣的科學化（這一點其實在中國與台灣中醫界都在努力中，算是相對其他傳統知識做得好的），命理界更是充滿了裝神弄鬼的人，充滿了把神話當歷史，把演義小說的情節當成命理案例的情況，連基本的歷史常識都缺乏得可笑之至。無法說出理論的，就說這是自古以來的規定，寧願相信是古代哪個前輩高人的不傳之祕，而不願意研究學理中可能的科學原理，這是傳統命理學之所以無法如西方占星術如此發達，普及全球，風水學無法演化為空間設計學的原因。筆者長期在五術命理圈對此現象感到相當扼腕，才會出版一系列書籍，希望用科學實用的方式介紹傳統命理給大眾，讓更多人可以快速入門入手使用這些學問，而不是只掌握在某些神神鬼鬼的人手上，或者為了自抬身價，說得好像這些學問有多深不可測，多麼神祕。

其實，有什麼學問研究到深處會不艱難呢？如果只是一般人可以使用的技術，是否可以有更簡單的邏輯去介紹？就像游泳，要能夠出國比賽當然要長年苦練，並且要懂得許多技術跟知識，生理學、流體力學、呼吸法，甚至心理學，許許多多。如果只是要游個泳享受一下，甚至為自己中秋節多吃了點東西彌補一下心裡的愧疚，去游個泳哪裡需要知道這麼多。唯有知識普及，並且可以隨時方便使用，才能夠讓知識流通，也才能夠使知識在讓大眾了解之後，得到更多的進步。筆者一系列書籍都是在這樣的期待下寫出來，這本書當然也是如此。

改運系列，一本利用了紫微斗數中常被人重視卻往往不知道如何利用的格局，討論我們一生所具備的天生條件，利用了解自己的條件才能改善自己，知道自己的優缺點才能截長補短。而《改運之書・風水篇》，則是讓大家利用自身命盤，為自己找出現實環境中周邊狀況是否會對自己產生影響，或者需要怎樣的環境來幫助自己。為何需要如此？許多學習風水的人，會只在乎風水的應用，卻忘了衣服看人穿，房子當然也不會是每個人居住都會有一樣的結果，這也是為何某人的起家厝（白手起家創業成功時住的房子），另一個人買了住進去卻可能傾家蕩產的原因。我們需要先理解自己是個怎樣的人，利用命盤找出自身的問題，當然如果您不是學習紫微斗數，而本身會其他命理學，例如八字，其實也可以比照這樣的邏輯，利用八字看出自己的問題，並且找出適合的方位、需要的空間狀態。若是完全沒有經驗，紫微斗數是一門極其科學化、圖表化、簡單的術數，利用圖表的查詢就可以知道我們的風水哪裡出問題，就像筆者的《紫微攻略1》，利用圖表查詢方式就可以知道今年哪個地方需要注意會有災難發生。知道了問題在哪裡，再從現實生活中找到可以改進的方法跟地方。搭配上後面介紹的基本風水觀念，就可以一步步很清楚地改善運勢，讓自己住在一個安穩的地方，是我們可以為自己所做最重要的一件事。沒有一個安穩棲身之所，如何能夠有好的能力體力為自己的人生拚搏呢？

這樣的觀念才是風水基本存在的中心價值，所以無論是哪個流派的風水學，其實都是建構在這樣的邏輯上，只要不合這樣邏輯，通常就有問題。本書後面介紹的基本風水邏輯也是如此，我們不做太多的學理與名稱介紹，只利用風水的基本原則，將常用的風水概念逐一解釋，為的就是讓大家可以理解風水説法的基本原理，才能夠知道該如何利用改變，否則就如同命理學一樣，流派口訣滿天飛，祕法圖卷數不清，卻讓人越學越頭昏。命理風水師也説得滿天話語，但是用在自己身上卻沒什麼感覺。利用本書介紹的基本邏輯就可以理解，幫你改運、改風水的老師是説真的還是只是騙你，當然他不見得算是騙你，因為他可能也是被他的老師騙，搞不好是在三跪九叩還要問神擲筊才肯收他當徒弟，他怎麼會懷疑這是騙他的呢？但是他被騙沒關係，至少我們要知道原理不要被騙，才能夠幫助自己。對於初學希望能有更多了解的朋友，利用本書也可以有個基本的邏輯架構，知道怎樣繼續深入學習。

我們上課時常被學生問到，以風水的角度來看，現在都會區的人幾乎住得都不太好，若要有好的風水，必然要花不少錢，該怎麼辦呢？難道我們去買輛露營車，前面有煞就把車開走，換個地方嗎？學理上來説，這樣也不行，居住處下方不能懸空，這真是萬分艱難的人生啊！其實，別説以風水的角度來説人生很艱難，以命理的角度來説，又有多少人真正能夠擁有好的格局、好的機運呢？從格局篇可以知道，好的格局真是千萬中選一，好的風水也是如此。所以當我們知道這樣的情況就該了解，其實人生本來就是一個逐步改善的狀態，來到這個世間，我們本來就是讓自己慢慢學會很多事，然後讓自己變得更好，過程中我們可以利用命盤了解自己的優缺點，然後加以改善，而現實環境給予我們的條件，所謂風水學，就是其中之一，如果命盤告訴我們改善的方法是逐步改善，先求有再求好，煞忌同時出現的時候，就像在拆解人生的炸彈，先要爆炸的那個先拆，慢慢地讓自己的狀況越來越好。

在許多諮詢中，我們可以看到把自己人生過得很差的人，除了少數實在太倒楣的人之外，絕大多數都是要得很多、做得很少，希望一次解決所有的問題，卻不願意思考人生，靜下心來努力。如同希望老公又體貼又有錢又帥氣又忠心，還要風趣幽默有才華，但是自己好吃懶做，沒有公主命卻有公主病，難怪願望無法達成，或難怪只會遇到渣男騙子，因為只有騙子會為了騙妳而說愛妳啊！女人先別急著罵我，因為男人也是如此，求得多做得少痛苦就會來到，所以，一步步先完成一點來當成目標，慢慢地人生就會越來越好。命理學改運的重點在此，因為　個人無法改變自己，必然是因為困難超過他的能力，無論是因為太過困難還是他人笨或太懶，其實只要慢慢來，一次無法挑起一百斤，每次十斤總會處理完一百斤。有了這樣的態度，才能避免求好心切，被神棍騙，相信那種一張符改運，或者三天速成學會祕招的鬼話。這個世界上困難的事情從來不會在一瞬間解決，厲害的學問從來都不可能像 usb 隨身碟一樣，插下去資料就灌過來。

在改變風水上也是如此，或許這時候的你實在無力改善自己的居住狀況，但是我們可以一項一項慢慢改變，那些富豪其實也不是一開始就住在好風水裡，差別只是當他有能力時，就會逐步改善風水，讓自己的運勢一直維持在顛峰。千萬不要因為心急，就相信一些鬼扯的風水改運方法，在家裡亂擺一堆東西。認真想想，張忠謀家裡會擺這些東西嗎？川普家門口會掛文昌筆來幫助他的小孩嗎？但是他的小孩每個都是高學歷。利用書裡的原理，慢慢為自己找出好的環境，真的無法改善環境，真心建議直接換地方，能夠改善的則可以逐步改善。因為現實來說，當你運勢不好的時候，你的命盤一定也正處在很糟的狀態。那時候你的田宅宮也不會好，本來就不容易找到好的居住地。以筆者自己的例子來說，在本書出版的八年前，正經歷了人生巨變（簡述在《紫微攻略1》中），負債千萬，差點流落街頭，帶著剛出生不久的孩子，在那樣的情況下有地方住就該感謝了，要如何談風水呢？筆者一樣住過自己常反對的套房，但是很快地就想辦法搬出套房。那時候住的是一間十分老舊的房子，根本沒有陽光，但是屋內格局很好，有好的客廳、好的房間，可惜水管很差會有雜音，只是我先求有再求好。隨後搬到下一間房子，一樣老舊，一樣沒有陽光，但是有舒服的房間跟廚房，而且有更好的客廳當明堂。再隔一年搬到下一間房子，獨棟雙層，有漂亮的陽台當明堂，還有挑高的空間，可惜前方朱雀位有擋，還好擋得不高。隔了一年半再次搬家，這一次搬到了方正開闊，四周風水很棒的地點，前方一片公園綠地，明堂漂亮，可惜可以睡覺的位置不利筆者的睡眠，沒關係，不睡覺剛好可以拿時間來寫書，現在筆者還清了債務，也出了書，得到許多人的喜愛，人生越來越好了。

我們的人生也是如此，知道了改善的方法後，慢慢地逐步改變自己，改變自己的心理，改變自己的環境，自然而然人就改運了。謹以此書獻給諸多給予指導的風水前輩和命理前輩，以及眾多為本書努力付出的學生與貴人們，希望大家都可以利用改運系列讓自己越來越好。

改運之書・風水篇

作　　者── 大耕老師
美術設計── 張巖
主　　編── 楊淑媚
校　　對── 林雅茹、沈佳妤、秦立帆、連玉瑩、楊淑媚
行銷企劃── 謝儀方

總編輯── 梁芳春
董事長── 趙政岷
出版者── 時報文化出版企業股份有限公司
108019 台北市和平西路三段二四〇號七樓
發行專線──（02）2306-6842
讀者服務專線── 0800-231-705、（02）2304-7103
讀者服務傳真──（02）2304-6858
郵撥── 19344724 時報文化出版公司
信箱── 10899 臺北華江橋郵局第 99 信箱
時報悅讀網── http://www.readingtimes.com.tw
電子郵件信箱── yoho@readingtimes.com.tw
法律顧問── 理律法律事務所　陳長文律師、李念祖律師
印刷── 勁達印刷有限公司
初版一刷── 2020 年 12 月 18 日
初版四刷── 2024 年 1 月 16 日
定價── 新台幣 400 元

時報文化出版公司成立於一九七五年，並於一九九九年股票上櫃公開發行，
於二〇〇八年脫離中時集團非屬旺中，以「尊重智慧與創意的文化事業」為信念。

改運之書 . 風水篇 / 大耕老師作 . -- 初版 . -- 臺北市 : 時報文化出版企業股份有限公司 , 2020.12　面；　公分
ISBN 978-957-13-8496-2(平裝)
1. 紫微斗數
293.11　　109019591